창조주를 볼 수 없는
영적 장애

창조주를 볼 수 없는 영적 장애

장종현 목사 지음

문서사역
|종|려|가|지|

추천사 1

정소진 전도사
|에스라 성경통독 사역원|

얼마 전, 장 목사님으로 부터 감히 추천글을 부탁받고, 감사함과 부담감으로 보내주신 원고를 읽게 되었습니다.

죄와 구원에 관한 하나님의 말씀이 펼쳐지는 가운데 예수님을 만나기 전 죽어있었던 나의 영적 상태와 예수를 그리스도로 영접하고, 구원의 감격을 누리면서도 수시로 영적 장애를 겪는 이유를 다시금 깨닫게 되었습니다.

또한 장 목사님의 간증 부분을 읽을 때는 동일한 하나님의 은혜를 입은 나의 모습이 겹쳐지며 감격의 눈물을 흘리기도 했습니다.

온 몸과 마음으로 삶 가운데 진리의 말씀을 살아내는 진정한 예배자,
  자신의 연약함을 고백하고 회개하며 은혜의 보좌에 나아가 엎드리는 겸손한 기도자,
  예수님을 닮은 온유함으로 예수님처럼 낮은 곳-어려운 사람들에게 먼저 다가가 위로하고 긍휼을 실천하는 목양자,
  타협하지 않는 순수한 복음만을 전하는 선교자,

바로 이러한 장종현 목사님의 삶과 그 가운데 역사하시는 하나님이 이 책에 고스란히 기록되어 있습니다. 책이 출판되어 하나님이 찾으시고 기다리시는 많은 영혼들에게 전달되어 읽혀질 때 얼마나 많은 열매가 있을까 기대됩니다. 그리고 그 귀한 열매들로 인해 하나님께서 영광 받으시고, 누구보다 기뻐하실 것을 믿습니다.

영적 장애가 있음에도 불구하고 깨닫지 못하는 사람들, 주일이면 교회에 나가 예배를 자기중심으로 보며, 적당한 직분으로 봉사와 헌신을 하고 스스로 만족하며, 예수님이 없는 세속적 교제 끝에 상처받고, 실망과 분노로 교회를 떠나기도 하는 사람들에게, 또한 하나님의 법을 누구보다 잘 알고 따르고자 하나 세상과 사람들의 눈치를 보느라 때때로 곤혹스러운 직분자들에게 이 책을 권합니다.
    평안과 소망과 사랑을 담아 -.

2020년 3월

추천사 2

장해령
| 저자의 딸 |

대학원을 졸업하던 해, 부모님의 기대를 저버리고 먼 곳으로 선교를 가겠다는 딸을 보며 수심에 가득 찬 아빠 엄마의 얼굴이 지금도 눈앞에 선합니다.

특히 그동안 심신이 많이 지치고, 위태로워 보이기까지 하는 아빠를 뒤로 하고 떠나는 발걸음은 너무나도 무거웠습니다. 그 때의 아빠는 마치 꺼져가는 등불과도 같았습니다.

하지만 하나님께 매달릴수록 마음은 더욱 확고해졌고, 하나님께서 우리 가정을—특히 아빠를 살리실 것이라는 확신이 들었습니다. 제가 집을 떠남과 동시에 하나님께서는 본격적으로 아빠의 영혼을 만지시기 시작했고, 선교지에 있는 동안 수없이 부르며 기도했던 어느 찬양의 가사처럼 "상한 갈대 꺾지 않으시는 꺼져가는 등불 끄지 않는" 하나님의 신실하신 사랑을 명확하게 보여주셨습니다.

그 때를 계기로 영혼이 살아나 오늘도 변함없이 하나님의 나라를 위해서 고군분투를 하고 계시는 아빠의 모습은 저에겐 큰 간증거리요, 자랑거리 입니다. 세상이 보기에는 어쩌면 미련해 보일 정도로 예수님만을 외치며 달려가는 아빠의 마음을 저는 알고 있습니다.

오랜 세월의 방황과 어둠 끝에 맞닥뜨린 하나님의 사랑과 은혜, 그리고 거기서부터 오는 회복과 치유의 능력은 너무나도 강렬했습니다. 그리고 한순간에 아빠를 '어둠'에서 '빛'으로 옮겨 놓았습니다.

더 이상 예전 모습으로 살아 갈수도, 또 혼자만 그 비밀을 간직하고 가만히 있을 수도 없게 되어 버렸습니다. 아빠가 경험한 놀라우신 하나님의 사랑을 전하지 않고는 견딜 수가 없는 사람이 되어 버렸습니다.

이 책도 그 간절한 외침 중에 하나입니다. 하나님을 볼 수 없게 가로막았던 어두움과 아픔들로부터 자유할 때 비로소 맛보게 된 아름다운 천국을 한명에게라도 더 소개하고 싶은 간절한 외침입니다. 그 외침이 메마른 영혼을 살리는 귀한 일에 쓰임 받게 되기를 소망하며 기도합니다.

2020년 3월

차 례

추천사_1 4
추천사_2 6

시작하는 말 / 살아계신 하나님! 11

1. 하나님의 형상을 잃어버린 자 18
2. 영의 눈이 가려진 세상 29
3. 나의 문제는? 35
  [가정의 문제] 35
  [교육의 문제] 62
  [분노의 문제] 76
  [이기심의 문제] 86
  [중독의 문제] 93

4. 창조주를 볼 수 없는 영적 장애 103
  〈간증시〉 사랑의 빛으로 104
  [씨 뿌리는 자의 비유] 109
    a. 길가에 씨를 받은 자 109
    b. 바위 위에 있는 것들 114
    c. 가시나무 사이에 떨어진 것 116
    d. 좋은 땅 속에 씨를 받은 자 118

[하늘에 속한 자] ··· 124
    〈묵상〉 내가 너희 멍에 빗장목을 깨뜨리고 ····································· 126
  [세상에 속한 자] ··· 129
  [성령의 사람] ··· 147
    〈묵상〉 성령의 기쁨으로 도를 받아 ·· 150
    〈간증〉 나의 몸은 하나님의 성전 ·· 158

5. 거듭남의 비밀 ··· 161
  [하나님의 은혜] ··· 161
  [거듭남] ··· 168
  [예배] ·· 179

맺는말 ··· 196

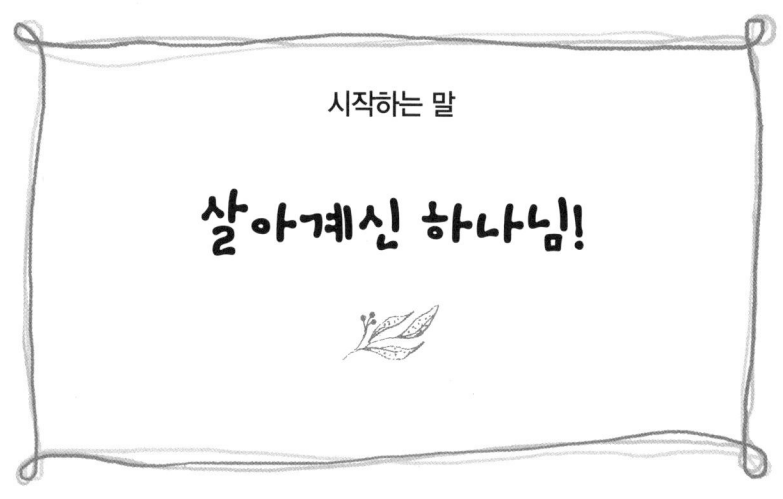

고후 3:16

그러나 언제든지 주께로 돌아가면 그 수건이 벗겨지리라.

어느 날, 일을 마치고 집으로 돌아가는 중에 문득 책을 써야겠다는 마음이 들었다.
어렸을 때, 대학입시에 실패하고 방황을 하던 재수 시절부터 책을 쓰고 싶은 마음이 이따금씩 들곤 했었다. 그 당시에는 소설이나 시를 쓰고 싶었고 습작으로 한 두 편의 시, 단편소설을 쓰겠다고 끄적거린 적이 있었다.

하지만 얼마 전, 운전 중에 책을 써야겠다는 마음은 갑자기 강렬하게 다가왔고 이를 놓고 기도하는 가운데 주님께서 주시는 마음이 확실하다는 믿음을 갖게 되었다.
신선한 글의 소재가 스치듯 지나가며 글을 쓰고 싶은 마음이 싹튼 적은 이따금씩 있었지만 메모를 하지 않거나 메모를 하더라도 금방 잊곤 하였는데, 이번 경우에는 글을 쓰고픈 마음이 자꾸만 들어서 집에 오자마자 메모를 해 두었다.

며칠이 지나도 글을 써야겠다는 마음이 하루에도 몇 번 씩 나의 마음을 스치고 지나갔다. 하나님께서 이 부족한 자에게 주시는 강렬한 마음은 이 세상에 하나님을 알 수 없는 자가 너무나 많음을 다시 한 번 실감케 하시며 하나님을 알 수 없는 영적인 베일에 가려져 있는 이들에게 살아계신 하나님을 증거 하라는 마음을 지속적으로 주셨다.

나는 '모태 신앙인'으로 태어나서 하나님의 은혜 가운데 살아왔지만 그분과의 인격적인 교제는 없었고, 고등학교 졸업 무렵부터는 세상의 즐거움을 벗하며 지내왔다. 이렇게 근 사십년간을 광야에서, 때로는 하나님을 찾으나 하나님을 모르는 자와 같이, 방종과 이기적이고 타락한 삶을 살아갔다.

2011년 2월경 빛이신 예수그리스도의 십자가 사랑을 깊이 체험한 후 이민생활 중에 찾아온 우울증에서 벗어나게 되었다. 마치 죽은 자와 같았던 메말라 비틀어진 영혼이 하나님께서 주신 새로운 생명으로 거듭나서 전혀 새로운 삶을 살아가고 있다.

세상의 종노릇하며 교만과 방종과 슬픔과 좌절과 분노의 고통 속에 살아가다가 빛과 사랑의 은혜의 동산으로 옮겨져 온유와 겸손과 평안과 사랑으로 은혜의 삶을 살아가고 있다. 하나님의 은혜로, 나에게 찾아온 짙은 어두움과 슬픔이 어디론가 자취를 감춘 것이다.

하나님께서는 나의 삶을 통하여 여러 가지 영적인 체험과 말씀에 대한 확실한 믿음을 갖게 하신다. 그리고 이 땅에서 하나님을 알지 못하고 살아가는 영적인 베일에 가려진 자들과 눌리고 소외된 자들을 위하여 삶을 살아가게 인도하신다. 하나님께서 새로운 생명으로 거듭 태어나게 하시기전의 삶과 지금의 삶을 비교해 보면 성경말씀과 찬송가 가사에서 주시는 거듭남, 바로 그것이다.

고후 5:17
그런즉 누구든지 그리스도 안에 있으면 새로운 피조물이라 이전 것은 지나갔으니 보라 새 것이 되었도다.

찬송가 ♪ 예수로 나의 구주 삼고

예수를 나의 구주 삼고 성령과 피로써 거듭나니
이 세상에서 내 영혼이 하늘의 영광 누리도다
온전히 주께 맡긴 내 영 사랑의 음성을 듣는 중에
천사들 왕래 하는 것과 하늘의 영광 보리로다
주 안에 기쁨 누림으로 마음의 풍랑이 잔잔하니
세상과 나는 간 곳 없고 구속한 주만 보이도다
후렴
이것이 나의 간증이요 이것이 나의 찬송일세
나사는 동안 끊임없이 구주를 찬송 하리로다 아멘.

이 세상에 살아가는 거의 모든 사람들은 정신적인 장애를 다소간 경험하며 살아가고 있다.

한 가지 또는 여러 가지의 생각이나 근심이 나를 지배하며, 그것으로 인하여 힘이 들고 눌리어 살게 되는 것이다. 또는 내안에 또 다른 내가 나를 괴롭힘으로 인하여 고통의 삶, 매우 고단한 삶을 살아가는 자들이 있다.

황금만능의 부조리한 경쟁사회를 살아가는 우리들, 향락과 방탕과 이기심으로 가득 찬 어둡고 죄로 물든 이 세상을 살아가는 모두가 이러한 환경에 놓여있다고 하여도 지나친 말이 아닐 것이다.

어린 아이에서 부터 노인에 이르기까지 우리는 이웃과 가족 그리고 나에게 영향을 끼치는 사회의 모든 단면들로 인하여 기쁨과 함께 슬픔과 좌절을 경험하며 힘들게 살아가고 있다.

또한 이러한 정신적 장애 외에도 여러 가지 신체적인 장애나 환경적 장애로 인하여 나의 가족이나 이웃들이 어려움을 겪으며 살아가고 있다.

2011년도 대한민국 역학 조사에 의하면 주요 정신질환을 평생에 한번 이상 경험하는 비율이 27.6% 이었다. 즉 적어도 4명중 1명이상은 정신질환을 경험한다고 볼 수 있다.[1]

1) 가족과 함께 하는 교육 프로그램(교육자용) 제1과 정신질환의 이해 참조

나는 수년전 미국 캘리포니아에서 하나님의 인도하심을 받아 정신적인 장애를 가진 자들을 만날 수 있게 되었다. 이들은 가족들로부터 분리되어 정부의 재정지원과 보호 관찰하에서 살고 있는 형제 자매들이다. 나는 먼저 이들을 섬기고 있는 동역자들을 만나게 되었고 이들에게 하나

님의 생명의 말씀을 전하고 예수 그리스도의 빛과 사랑을 나누는 일을 일 년 동안 섬기게 되었다.

이들 중 대부분은 처절한 외로움과 어두움에 잠겨있는 빛과 사랑에 굶주린 자들이다. 소외되어 살아오며 극도의 좌절과 슬픔에 익숙하여진 자들이다. 어려서부터 죄 가운데 살아온 자신의 삶 때문에 짓눌리고 힘들어 하는 자가 있다. 길게는 이삼십년간 이러한 어둡고 고립된 환경에서 지내온 사람도 있다. 불안과 각종 중독으로 그리고 오랜 처방약 등으로 망가진 몸과 마음, 통제가 안 되는 정신상태로 날마다 힘들어하며 비슷한 상태에 처한 자들끼리 룸메이트가 되어 살아간다.

허약해 질대로 허약해진 이들이 회복될 가능성은 매우 희박한 듯하다. 그들에게는 정기적으로 식사가 제공되고 시간에 맞추어 증세를 억제하고 호전시키는 약을 먹고 있다. 이곳에서 살다가 증세가 악화되어 주변을 힘들게 하고 사고를 일으키면 다시 정신병원에 입원하여 한동안 그곳에서 있다가 회복되면 다시 공동 주거지로 돌아오는 것을 반복 한다.

이들이 예수 그리스도께서 인도하시는 예배에 참여하여 쉼을 얻고 그곳에서 봉사하는 사역자들을 통하여 일하시는 예수님의 빛과 사랑으로 평안을 찾고 잠시 쉼을 갖는 시간이다. 눈에 띄게 상태가 호전되는 형제자매도 볼 수 있어서 이들을 빛과 사랑으로 돌보시는 하나님의 은혜에 감사드릴 뿐이다.

말씀을 묵상하는 가운데, 대단히 조심스러운 표현이지만, 하나님을 모르는 자들은 영적인 장애를 갖고 살아감을 깨닫게 되었다. 여기에서 말하는 영적 장애는 영이신 하나님과 영적인 교제를 할 수 없는 상태를 표현하는 것이다.

아담은 원래 하나님의 형상을 닮은 죄 없는 최초의 인간이었다. 아담은 사탄의 유혹에 넘어간 배필 하와의 권유로 하나님께서 '먹으면 죽으리라' 하신 말씀을 거역하고 선악과를 먹게 되었다. 이로 인하여 아담의 후손인 우리 모두는 하나님께 대한 불순종으로 죄로 물든 육신을 입고 태어나게 되었으며 창조의 목적과 맞지 않는 죄인의 삶을 살아가게 된 것이다.

이 세상은 죄로 물들고 어두움이 지배하는 세상이 되었다. 이 죄로 인하여 창조주 하나님을 바라볼 수 없는 영적인 베일에 가려져 살아가게 된 것이다.

시각장애를 갖은 자들이 앞을 보지 못하듯이 하나님(예수 그리스도)을 만나지 못한 자들은 영이신 하나님을 알 수도 없고 또한 그분이 주시는 말씀도 이해할 수 없는 영적인 눈이 가려져 있다.

고전 2:14

육에 속한 사람은 하나님의 성령의 일들을 받지 아니하나니 이는 그것들이 그에게는 어리석게 보임이요, 또 그는 그것들을 알 수도 없나니 그러한 일은 영적으로 분별되기 때문이라.

이 책에서 나의 진솔한 삶의 이야기와 간증 그리고 나의 이웃들과 지금 우리 가정과 사회가 살아가는 이야기, 또한 장애자들의 이야기, 특히 하나님을 알지 못하는 영적인 장애에 대하여 글을 쓰려고 한다. 이책을 써 내려가는 동안 성령하나님께서 함께 하시며 하나님의 형상으로 창조된 우리들이 원래 창조의 모습으로 회복되기를 바라는 마음을 공유하도록 도와주실 것을 간절히 바라며 기도드린다.

우리는 성령 하나님의 영으로 충만해질 때 영이신 하나님의 존재를 깨닫게 되며 내가 하나님 안에, 하나님께서 내안에 거하시게 되어 주님과 동행하는 삶을 살아갈 수 있게 된다.

하나님의 생명으로 다시 태어나서, 육체의 소욕이 이끌어가던 나의 삶이 성령의 소욕이 이끄는 삶으로, 삶의 주인이 내가 아닌 예수님이 됨으로 모든 죄악과 육체의 소욕으로 부터 자유함을 얻고 하나님께서 주시는 평안함을 이 세상에서 부터 영원까지 누리게 되는 것이다.

이것은 온전히 하나님의 은혜로 누리게 되는 생명의 삶이다. 하나님의 창조의 목적에 부합하는 하나님의 형상을 닮은 자로 회복된 삶이다. 하나님을 모르는 영적인 장애로부터 벗어나서 하나님을 아는 자로, 사망에서 영원한 생명으로 옮기어진 자이다.

> **창 1:26-27**

하나님이 이르시되 우리의 형상을 따라 우리의 모양대로 우리가 사람을 만들고 그들로 바다의 물고기와 하늘의 새와 가축과 온 땅과 땅에 기는 모든 것을 다스리게 하자 하시고 하나님이 자기 형상 곧 하나님의 형상대로 사람을 창조하시되 남자와 여자를 창조하시고

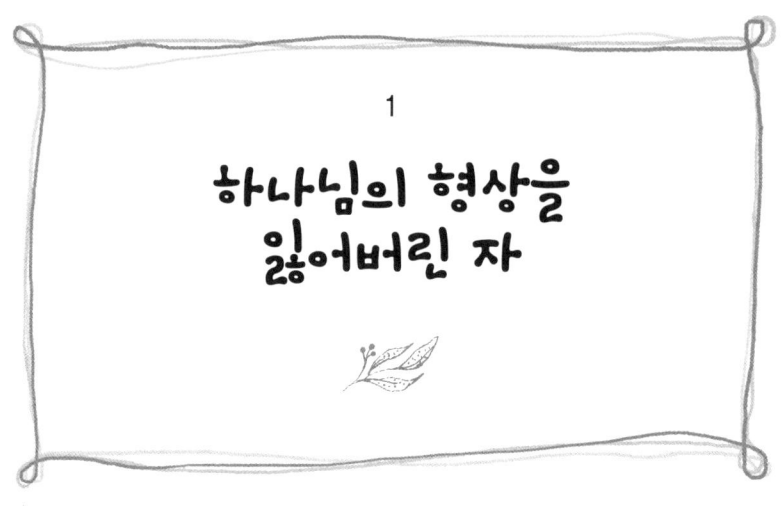

1
하나님의 형상을 잃어버린 자

우리를 창조하신 하나님은 사랑이시며, 하나님의 형상대로 사람을 지으셨는데 우리는 남을 이롭게 도우며 살아가는 이타심보다 이기심을 키우는 훈련에 어려서부터 익숙해져 가고 있다. 경쟁사회에서 우위를 점하기 위한 이기적인 싸움판에 내몰리고 있는 것이다.

사회의 각 계층에 있는 리더들은 본인들의 세력과 부를 키우는데 그 힘을 집중하고 있으며, 이기주의가 팽배하여 목소리들을 높이느라 세상은 언제나 소란스럽다.

우리가 살아가고 있는 이 세상 사람들은 하나님의 창조의 목적대로 양육되지 못하고 그와는 정 반대의 길을 가고 있다. 하나님은 우리와 같은 죄인들을 구하시기 위하여 십자가에서 죽으셨다. 큰 섬김의 본을 보여주신 것이다. 하지만 세상은 나와 내 가족, 내 학교, 내 교회, 내 고장, 내 나라만 잘 살려고 분주히 살아가고 있는 듯하다.

하나님의 형상을 따라 지음을 받은 사람이 하나님을 알 수 없는 상태로 살아가며 장애를 경험하지 않는다면 그것이 이상한 일이다. 지음을 받은 대로 살아가지 않음으로 삶에 진정한 행복과 기쁨이 없이 거친 광야에서와 같은 고통과 좌절과 메마름 속에서 살아간다. 자기중심적이고 이기적인 삶은 불화와 경쟁과 진노와 다툼과 폭동 등을 몰고 오며 화평을 몰아내는 역할을 하고 있다.

창조주 하나님의 관점에서 보면 이 세상은 장애로 가득 차 있다. 하나님께서 창조하신 최초의 사람 아담은 원래 죄가 없는 하나님을 닮은 자로 빚어졌다. 창조주 하나님께서는 사람을 흙먼지로 빚어 그 코에 생기를 불어넣어 하나님의 생명력을 지닌 자로 만드셨다. 하나님의 형상을 닮은 자로서 땅을 다스리고 지키게 하셨다. 그리고 하나님께서 주신 은혜의 동산 에덴에서 하나님을 찬양하고 하나님과 영적인 교제를 하며 지내도록 하셨다.

하나님은 아담이 홀로 있는 것을 보시고 남자가 홀로 있는 것이 좋지 못하니 내가 그를 위하여 합당한 조력자를 만들리라 하시며 아담을 깊이 잠들게 하시고 갈빗대 하나를 취하여 여자를 만드셨다. 그리고 아담에게 이끌어 오셨고 남자가 자기 아버지와 어머니를 떠나 자기 아내와 연합하여 그들이 한 육체가 될지니라고 말씀하셨다.

하나님은 첫 남자에게 명령하여 이르시되, 동산의 모든 나무에서 나는 것은 네가 마음대로 먹어도 되나 선악을 알게 하는 나무에서 나는 것은 먹지 말라. 그 나무에서 나는 것을 먹는 날에 네가 반드시 죽으리라고 말씀하셨다.

뱀의 유혹에 넘어간 하와가 선악과를 먹고 남편에게도 주어 아담도 먹게됨으로 하나님의 말씀에 불순종한 아담과 하와에게 죄가 들어와 그들은 하나님의 낯을 피하기 위하여 동산 나무사이에 숨게 되고 하나님의 은혜의 동산 에덴에서 쫓겨나게 된 것이다. 그들의 영은 죄로 가려져 죽게 되었으며 영이신 하나님과의 관계가 단절된 것이다.

복음서에 기록된 예수 그리스도의 삶을 보면 하나님의 성품을 알 수 있다. 또한 성경 여러 곳에 하나님의 성품이 나타나 있다.

갈 5:22-23

오직 성령의 열매는 사랑과 희락과 화평과 오래 참음과 자비와 양선과 충성과 온유와 절제니 이같은 것을 금지할 법이 없느니라

이 말씀에서와 같이 예수님이 이 땅에서 보여주신 성품이다.
그러면 아담 이후에, 하나님과 등을 지고 육체의 소욕과 죄된 마음으로 얼룩진 우리들의 삶 가운데, 무엇이 우리로 하여금 관계의 어려움을 초래하게 되는 것일까?

갈 5:19-21

육체의 일은 분명하니 곧 음행과 더러운 것과 호색과 우상 숭배와 주술과 원수 맺는 것과 분쟁과 시기와 분냄과 당 짓는 것과 분열함과 이단과 투기와 술 취함과 방탕함과 또 그와 같은 것들이라 전에 너희에게 경계한 것 같이 경계하노니 이런 일을 하는 자들은 하나님의 나라를 유업으로 받지 못할 것이요

이 말씀에서와 같이 육체의 소욕을 따라가는 세상의 삶에는 관계의 어려움과 이로 인한 크고 작은 수많은 문제들이 우리주변을 소용돌이 치고 있다. 욕심이 죄를 낳고 죄가 자라나 사망에 이르게 된다.

> 약 1:14-15

오직 각 사람이 시험을 받는 것은 자기 욕심에 끌려 미혹됨이니 욕심이 잉태한즉 죄를 낳고 죄가 장성한즉 사망을 낳느니라

우리는 창조의 목적대로 살아가지 못하고, 다시 말해서 하나님의 형상을 따라 살아가지 못하고 죄로 타락한 육체의 소욕대로 삶을 꾸려감으로 인하여 힘들고 고통스러운 파멸의 삶 가운데 빠져들게 된다. 물고기가 물에서 살아야 하는데 뭍으로 튀어나와 허덕이며 죽어가는 형국이나 크게 다를 바가 없다. 이것이 바로 우리 모두가 크나큰 영적인 장애를 갖고 이 세상을 힘들게 살아가는 뿌리가 되는 것이다.

하나님을 알지 못하는 자는 그 영이 죄로 인하여 죽어 있기 때문에 영이신 하나님의 뜻을 따를 수 없다. 그러므로 세상의 것에 집착하여 많이 가진 자나 못가진자나 근심과 두려움을 벗하며 잡히지 않는 행복을 좇아 더 갖고 누리기 위하여 살아가게 된다.

장애인을 복지법상 분류에 따르면[2]
지체장애, 뇌병변장애, 시각장애, 청각장애, 언어장애, 지적장애, 정신장애, 자폐성장애, 신장장애, 심장장애, 호흡기장애, 간장애, 안면장애, 장루장애, 뇌전증장애로 나누어진다. 2)장애인고용촉진 및 직업재활법 제2조 및 같은법 시행령 제3조, 부칙 제4조

정신장애의 일반적 유형은[3] 조현병, 우울장애, 양극성장애, 불안장애, 알츠하이머 병 치매, 약물남용 및 중독으로 나누어 진다. 3) 가족과 함께 하는 교육 프로그램 교육자용 (제 1과 정신질환의 이해)

하지만 이러한 일반적인 장애 외에도 우리들의 삶 여기저기에 장애의 덫은 왕성하게 활동하고 있다. 개인적으로 보면 각 사람마다 얼굴과 성격이 판이하게 다르듯이 태어난 환경도 나라, 기후, 부모, 빈부등 가지각색이다.
기후가 좋은 부유한 나라에서 경제적으로나 사회적으로 안정된 인품을 지닌 부모를 가진 아이로 태어나서 성장하는 동안 좋은 가정교육, 학교교육, 사회교육, 종교교육을 받고 세상적으로 각분야의 지도자의 길로 자리를 잡아가는 자들이 있는 반면에, 매우 열악한 기후의 빈민촌에서 태어나 엄마 아빠가 누구인지도 모르고 굶주리며 무질서와 불결, 기아, 전염병, 전쟁, 폭행, 마약 등에 노출되어 아무에게도 사랑을 받아보지 못하며 자라나 범죄의 세상을 전전하며 살아가게 되는 자도 있다.

수년전에 신학교 동료를 통하여 정신적 장애를 지닌 사람들을 섬기는 예배장소가 있다는 것을 알게 되었고 시간을 내어 한번 찾아가본 것이 인연이 되어 주님의 인도하심으로 일 년 동안 섬김의 훈련을 받게 되었다. 귀한 주님의 일꾼들과 하나 되어 섬길 수 있었으며 한발 한발 길을 열어 주신 예수님께 감사를 드린다.
처음에는 경험이 없어서 두려운 마음이 들기도 했고 특히 영어권의 외국인들이 대부분 이어서 영어가 부족한 나로서는 할일이 없을 것만 같았다. 하지만 한 주 두 주를 지내며 주님은 나로 하여금 그들의 마음을 볼 수 있게 하셨고 동역자들을 사용하시고 나를 사용하시어 일하실 공간을 열어 가셨다. 무엇보다도 그들 에게는 예수 그리스도의 사랑과 빛이 절실하게 필요함을 알게 하셨다.

미국 캘리포니아의 남부에 위치한 주변 환경이 비교적 열악한 지역의 작은 몰에 있는3-40명을 수용할 수 있는 소규모 패스트푸드 식당에서 예배를 드렸다. 이 식당을 운영하는 집사 부부가 이 사역의 물고를 터주었다. 그분들의 헌신적인 섬김으로 영업시간 중에 예배를 드리고 예배 후에는 식사와 음료를 제공하였다.
일주일에 두 번 예배를 드리며, 이들은 운전을 할 수 가 없기 때문에 오가는 길을 자원봉사자들의 차량으로 예배장소로 인도하고 예배가 끝난 후 식사를 하고 다시 거주지로 데려다 준다.

섬기는 자들을 통하여 비추어 주시는 예수그리스도의 빛과 사랑으로 그들이 예배장소 찾기를 즐겨하며 그곳에서 쉼을 얻으며 조금씩 얼굴이 밝아지는 것을 볼 때에 예수님의 크신 사랑의 힘을 눈앞에서 보는듯 하였다.
이 형제 자매들의 대부분은 기후가 좋고 비교적 환경이 좋은 국가(미국)에서 태어났다. 이들의 아픔을 일일이 다 알지는 못하지만 그들 중 일부는 깨어진 가정환경의 영향으로, 성장기를 통한 어두움과 마음의 상처 등으로 심신이 망가져 있음을 보게 된다.

사랑과 관심으로 키워준 양부모로 인해 당당한 사회의 일원으로 살아온 자가 있는가 하면, 양부모와의 관계에서 사랑에 굶주리고 상처와 학대에 시달린 자들도 있다.

사창가에서 태어나 창녀와 범죄자의 자녀로, 감옥을 드나드는 부모 밑에서 보호받지 못하고 거칠게 자라온 자,

청소년시절에 마약과 술에 손을 대고 이로 인한 범죄의 유혹에 휘말리어 감옥소를 드나들며 마약에 중독되어 살아온 자,

이혼으로 인한 깨어진 가정에서 계모와 계부와의 갈등으로 부모와의 갈등으로 상처가 많아 마약에 의존하다 중독된 자,

수차례 자살을 시도하는 자 등이다.

상당수의 정신 장애자들이 어둡고 깨어진 환경에서 자라났다. 더러는 교통사고 등 충격적인 사건을 겪게 되어서 어려움에 처한 자들도 있다. 이 밖에도 정신의학 전문가들은 정신적 장애가 선천적 기질, 생물학적인 두뇌 신경전달 물질의 불균형, 뇌신경망의 기능이상, 스트레스 등이 원인이 된다고 밝히고 있다.

나는 정신 장애를 다루는 전문인이 아니다. 하지만 이들의 마음에 깊은 상처와 어두움과 슬픔이 있음을 알고 있다. 이들은 이로 인하여 심한 우울증과 조울증 등의 장애를 약으로 달래며 덧없이 하루하루를 살아가고 있다.

게다가 오랜 정신적 장애의 삶으로 대부분 가족과 연락이 끊긴 상태이거나 엄마아빠가 누구인지도 모르고, 본인이 누구인지 몇 살인지 모르는 자들도 있다. 환청과 환시로 시달리며 고통을 호소하는 자매도 있다. 파란 눈을 지닌 백인으로 미국에서 태어났지만 영어를 읽지 못하는 자도 있다. 나만 보면 말없이 웃음으로 인사하는 파란 눈의 형제는 본인의

나이도 모르고, 영어도 읽지 못한다.

이들을 치료할 수 있는 것은 약으로 만도 아니요 물질로만도 아니다. 약은 이들의 과격해 질 수 있는 증세를 억제시키고 누그러뜨리는 효과를 가져다 주지만 근본적인 치료에는 큰 효과가 없는듯하다.
전문의의 처방에 따라 적절한 약의 복용도 필요하지만 무엇보다도 하나님의 빛과 조건 없는 사랑이 이들의 아픔과 상처를 만져주시고 회복시킬 수 있다.
이들에게 짙게 드리운 어두움보다 압도적으로 강력한 하나님의 빛과 사랑으로 무거운 짐이 가벼운 짐으로 바뀌어 그 고난의 무게를 잘 느끼지 못하게 될 수 있는 것이다. 하나님의 빛과 사랑의 능력은 우리가 상상조차 할 수 없으리만치 강렬하고 그 영광은 인간의 눈으로는 감히 볼 수도 없는 초월적인 밝은 힘이 있다.
이들에게 예배의 장소를 허락하시고 예배와 섬기는 자들을 통하여 예수 그리스도의 빛과 사랑으로 위로해 주시고 회복시커 주시는 하나님 아버지께 감사와 영광을 올려 드린다.

하나님 아버지께서는 주님의 생명으로 거듭 태어나 성화의 길을 걷고 있는 나에게 사명을 주셨고 하나님의 뜻을 지속적으로 되새기게 인도하신다. 하나님 아버지로부터 주의 종으로 부름을 받았다. 살아 역사하시는 하나님의 말씀을 전하고 삶으로 증거 하는 일을 맡기셨음을 믿음으로 받아 60세의 늦은 나이에 신학교의 문을 두드렸다.
평신도로 얼마든지 주님의 일을 받들 수 있지만 말씀을 증거하고 전파하기에는 신학교 과정을 이수하는 것이 필요하다는 것을 기도하는 가운데 믿음으로 받아 실행에 옮긴 것이다. 나이가 차고 경제적으로 힘이 들지만 부르심을 받고 신학을 원하는 자에게 길을 열어 놓으셨음을 감사히 받으며 신학을 시작하였다.

풀타임으로 일하고 주님의 일을 섬기며 가족의 일원으로서의 역할을 하며 일주일에 서너 번 씩 밤에 학교에 나아가 수업을 듣고 훈련에 임하였다. 너무나 힘이 들어 일 년을 수료한 후에, 한국에 본부를 둔 신학원에 등록하여 통신으로 교재의 내용을 성경과 함께 공부하고 리포트를 제출하는 식으로 신학원의 과정을 마치게 되었다.

하나님 아버지께서 이 부족하고 미련한 자를 은혜로 세워주시고 주신 사명을 잘 감당할 수 있도록 예비하신 길을 열어주시며, 훈련받게 하시고 또한 이러한 과정을 통하여 다양한 영적 체험과 경험들을 갖게 하심을 감사드린다.

신학을 하면서도 내가 이 나이에 과정을 마치고 성직자가 되어 무슨 일을 할 수 있을까하는 약한 마음이 여러 번 들었지만 그때마다 주님께서 새로운 힘을 주시고 에너지를 공급해 주셨다. '네가 주의 일을 하면서 단 한명의 영혼을 내게로 돌이키는 통로가 된다면 내가 그를 들어 나의 소중한 그릇으로 사용하리라' 는 믿음을 주셨다.

하나님께서 기다리시고 찾으시는 그 한 영혼을 생각하며 어려운 길을 계속 걸어가고 있다. 이 과정을 통하여 주님의 일을 하는 데 필요한 동역자들을 만나게 해 주시고 사역의 길을 보여 주시고 넓혀 주신다.

하나님께서는 나로하여금 이세상에서 소외되어 아무도 돌보지 않는 자들을 섬길 수 있는 마음을 꾸준하게 허락하여주셨다. 슬픔과 좌절의 세월을 보내고 있는 자들을 꾸준히 보여주시며 찾게 하셨다.

나는 한국 두메산골 오지에 가면 그들을 만날 수 있을까?

한국에 이주하여 막노동을하며 외로움과 싸우며 타향살이를 하는 외국인 근로자들이 혹 그들일 수 있겠다 하는 마음으로 그들을 찾아 한국을 두차례 방문하여 강원도 산골과 와 전라도의 작은 마을과 섬을 두루 다니며 오지를 찾아 헤메이기도 하였다. 하지만 여러가지 일들로 그곳이 아니라는 마음을 주시어 이곳으로 돌아왔다.

나는 미국으로 돌아와 인터넷을 통하여 하나님께서 나를 쓰시려고 하는 곳을 탐색하기 시작하였다. 육개월을 기도하며 쉬임없이 탐색을 한후 나는 남미의 에콰도르로 가기로 마음을 굳히게 되었다. 남미 에콰도르는 나에게는 아는 사람이 아무도 없는 생소한 곳이다. 그곳은 브라질을 제외한 거의 모든 나라들이 스페인어를 사용하고 있으며 원주민들은 키츄아어를 스페인어와 함께 사용하는 곳으로 언어의 장벽이 가로막고있는 곳이기도 하였다. 하나님께서 보내고자하시는 곳을 찾은듯하여 기쁨이 샘솟듯 솟아났지만 내가 언어도 아뚱하는 곳에 가서 이 나이에 무엇을할 수 있을까? 하는 두려운 마음이 수시로 덮치곤 하였다. 그러나 내가 두려운 마음으로 엎드려 기도할때 하나님 께서는 '일을 내가 하는 것이니 너는 그곳에 가면 된단다. 가서 나만을 믿고 의지하고 나아가면 내가 다 할것이다.' 라고 나의 마음에 말씀하여 주시며 새로운 용기를 불어넣어 주셨다. 나는 나름 꼼꼼히 살피고 준비한 끝에 2018년2월에 홀로 에콰도르에 들어가게 되었다.

하나님은 실수가 없으신 전능의 왕 이심을 그곳에서의 삶을 통하여 보여 주셨다. 하나님께서 기다리셨다는 듯이 신속하게 원주민들의 산마을에 발을 딛을 수 있게 나의 발걸음을 인도하시고 돕는 원주민들을 붙여 주셨다. 일주일후 기본 영어클래스를 열게 하시며 그들에게 예수님의 십자가사랑의 복음을 선포할 수 있도록 길을 열어 주셨다. 주님께서 오래 기다리시며 그곳에 복음의 빛을 선포하게 하심으로 그 누군가를 세우시고 그 지역에 예수님의 빛과 사랑을 전파하게 하실 것을 굳게 믿는다.

이제는 남미 에콰도르에 주님의 이름으로 만난 빈곤한 원주민들과 형제자매들이 제법 많이 늘었다. 일 년에 한차례씩 그곳에 가서 몇 달 동안 틈틈이 만나 함께 지내며 그리스도의 사랑을 나누는 시간은 그들에게도 나에게도 너무나 소중한 은혜의 시간들이다.

특히, 내가 할 수 있는 것은 아무것도 없는 것을 깨닫게 하여 주시고 오직 주님만을 의지하며 기도와 말씀만을 붙들고 십자가의 길을 걷게 하심이 너무나 기쁘고 감사할 따름이다.

말 4:2
내 이름을 경외하는 너희에게는 공의로운 해가 떠올라서 치료하는 광선을 비추리니 너희가 나가서 외양간에서 나온 송아지 같이 뛰리라

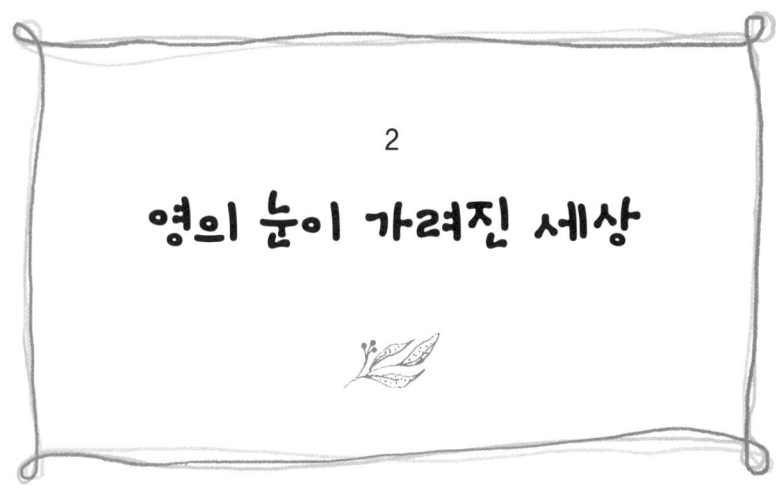

2
영의 눈이 가려진 세상

약 1:15

욕심이 잉태한즉 죄를 낳고 죄가 장성한즉 사망을 낳느니라

TV드라마나 영화를 본 기억이 꽤 오래 전이다. 폭력적이고 자극적인 음향과 언어사용이 거북하였고 소재들에 식상하고 흥미를 잃어 멀리하게 되었던 것 같다. 이것은 내가 예수 그리스도의 십자가 사랑으로 변화되기 전 부터의 일이다.

예수님이 누구이신가를 알아 그분께서 내 삶의 주인이 되신 이후에는 그분으로부터 오는 기쁨과 감사가 너무나 큼으로 그분과의 친밀한 교제를 갈망하며 지내오다 보니 TV프로나 영화 등으로부터 더욱 멀어져 살아오게 되었다. 예수님의 큰 사랑을 받은 자는 세상의 것들이 시들하여지기 마련이다. 그렇게 흥미롭고 즐기려하던 일들이 더 이상 나를 끌어당기지 못하게 된 것이다.

이 현상을 쉽게 풀어보면 하나님으로부터 오는 평안과 기쁨과 자유와 감사가 이 세상의 어느 것으로 부터도 맛볼 수 없는 크고도 경이롭기 때문이다. 나를 허무와 좌절과 절망의 늪으로 끌어 드리는 세상의 것들에 다시 가까이 가고 싶지 않게 된 것이다.

어쩌다 나의 마음이 옛사람의 모습으로 되돌아가려 할 때면 나의 마음과 생각에 쓰고 독한 기운들이 스멀거리며 나오기 시작한다. 나는 하나님의 은혜의 동산으로부터 멀어져 부패한 세상으로 가는 것이 정말로 싫고 두렵기까지 하였다.

내가 세상으로 돌아가려는 징후가 있을 때마다 하나님을 찾으며, '주님! 나의 발걸음을 주님의 길로만 향하도록 도와주시옵소서! 하나님의 빛의 동산 사랑의 동산에서 벗어나지 않도록 주님의 은혜로 충만하게 하시고 성령으로 충만하게 하여 주시옵소서'를 부르짖으며 기도하게 되었다.

이 기도는 하나님의 왕국과 그분의 의를 구하는 기도요 성령님의 인도하심을 따라 하는 기도이다. 그래서인지 주님께서 속히 응답하시며 하나님의 평화로 채워주시며 주님의 은혜로 채워 주신다.

최근에 적지 않은 기간을 세상과 상당한 거리를 두고 살아 왔음으로 내가 세상을 너무 모르는 것은 아닌가 하는 생각이 들었다. 그리하여 요즈음 사람들의 삶의 문화나 세상 인심이 어떠한지를 보고 싶은 마음에 뉴스도 열심으로 시청하고 미디어를 통하여 영화를 이따금씩 보기 시작하였다.

신문이나 방송 인터넷 등을 통한 대중매체의 대부분은 시청자들에게 흥미를 느끼게 하는 것들을 소재로 하여 이끌어가고 있을 것이다. 예전의 기억을 되살리면 드라마 속에서 정상적인 가정은 거의 없다. 부부사이는 무미건조하고 각자의 사고방식대로 때로는 다투기도 하며 덤덤하게 살아간다. 불륜의 길로 미끌어져 가는 것을 미화시키기도 한다. 경쟁사회에서 살아남기 위하여 속고 속이며 비방하고 모략한다. 음주가무와 음란과 폭력을 일삼는 것도 흔하게 접할 수 있는 것들이다.

거의 모든 방송에서 소재가 비슷한 드라마를 방영하며 시청율 경쟁을 벌이고 있다. 시청자들은 몰입하여 자녀들과 함께 드라마를 즐기기도 한다. 코미디 토크쇼 등, 비슷한 내용의 소재들을 다룬 것들을 보며 시간을 보낸다. 아이들은 프로그램을 통하여 신조어로 만들어내는 유행어를 노래 부르듯 따라 하기도 한다. 요즈음은 세상풍조의 흐름을 따라 동성애를 소재로 한 드라마들도 있다고 한다.

세상은 드라마나 영화에서 뿐만이 아니라 삶의 도처에서 어두움과 죄의 온상들이 독버섯처럼 자라나고 있으며 제공하는 자나 즐기는 자가 하나가 되어 공존하고 있다.

하나님은 빛이시며 사랑이시다. 하지만 세상은 빛을 멀리하고 어두워만 가고 있으며 사랑은 메말라 수많은 가정들이 불화의 소용돌이를 벗어나지 못하고 표류하고 있다.

이 시대는 휴대폰으로 수많은 정보를 주고받을 수 있는 인터넷의 발달로 유아들에서 부터 노인에 이르기까지 밀려드는 정보와 볼거리의 홍수 앞에 놓여있다. 게임의 홍수는 이제는 어린 아이들이나 성장기 청소년들만의 문제가 아니다. 중년 회사원과 노인들도 상당수가 중독이 되어 있다고 한다.
계층 간, 세대 간의 대화의 단절이 아닌 광범위한 대화의 단절로 인간관계가 급속히 파괴 되어가고 있다. 혼자서 사는 사람들이 늘어나고 있으며 이러한 변화는 주거 형태나 비지니스의 형태까지 부분적으로 변화시키고 있을 정도이다. 이제 휴대폰은 많은 사람들의 단짝으로 바뀌어가고 있다.

세상의 경제 질서의 기본 원리는 부의 확장에 있는듯하다. 고용을 늘리고 사람을 보다 풍요롭게 이끌어가기 위한 수단이다. 경제성장률은 지도자의 능력을 평가하는 척도가 되기도 한다. 이것이 황금만능을 만들어 내었고 오늘날은 그 도를 훨씬 넘어 조절이 불가능한 선을 이미 넘어 버린 듯하다.
이제는 전체가 잘 살아 보고자 하는 풍조도 그러한 노력도 없는 것 같다. 빈과 부의 격차는 갈수록 속도를 더하고 있다. 내 나라만 잘 되고 내가 속한 지역만 잘 되고, 내가 속한 회사, 마을, 학교, 교회, 가정만 잘되면 그만이다. 이제 가정도 나만 잘되면 그만으로 가는 것은 아닌지.

음란물의 홍수는 시공간을 초월하여 범람하고 있다. 심지어 어린 아이들의 수중에도 쉽사리 찾아온다고 한다. 인터넷에서 가끔 세상 돌아가는 이야기를 듣고자 뉴스를 가끔씩 들여다보는 데 곳곳에 음란한 광고물과 사진 그리고 기사들이 자리하고 있다. 음란과 온갖 죄악으로 만연된 옛 소돔과 고모라성이 지금보다 더하였을까?
사탄은 죄로 물든 육신의 정욕을 마음껏 발산하고, 탐하도록 부단히 자극인 것을 만들어 내고 인간의 탐심을 부추긴다. 죄의 길로 유혹하며 사망의 음침한 골짜기로 인간을 몰아가고 있다.

이미 위험 수위를 훨씬 넘어선 우리 사회는 어디로 가고 있는 것인가?! 이러한 육신의 소욕을 좇아 정신없이 흘러가는 사회는 병이 들대로 들어 이미 범죄의 온상이 되어 있다. 병이 들은 것을 모르는 채로 죄악의 소용돌이에 있음도 모르는 채 그냥 흘러가고 있다.
죄로 물든 영혼이 죽어 있음을 모르고, 우리를 창조하시고 이 땅에 보내신 하나님 아버지를 전혀 의식하지 못한 채 육체의 정욕을 따라 어두움과 사망의 그늘을 헤매고 있다.

우리가 살아가는 이 사회는 이렇게 깊은 병이 들어있다. 범사회적으로 빛이신 하나님을 등지고 우리를 창조하신 그분의 뜻을 거스르며 살아가고 있는 것이다.
하나님은 우리를 하나님의 형상을 닮은 자로 만드셨으나 대부분의 사람들은 하나님의 존재를 알지도 못하고 알 수 두 없다. 세상을 지배하는 사탄과 마귀의 계략에 휘말려 육신의 정욕과 세상의 것들에 마음을 빼앗긴 채로 그들의 노예가 되어 살아가고 있다.

하나님의 창조의 목적과는 정반대의 엉뚱한 곳으로 질주하는 세상 사람들, 이들에게는 하나님을 볼 수 있는 영안이 열려있지 않다. 죄에 가려져 영이신 하나님을 볼 수 있는 눈이 베일에 가려져 있는 영적인 장애를 지니고 있는 것이다.
하나님의 빛과 사랑을 볼 수 있는 영의 눈이 가려져 있는 것이다.
성경은 하나님을 모르는 것이 죄인이라고 말씀하신다.

또한 하나님을 아는 것이 영생이라고 말씀하신다.

세상은 하나님을 모르는, 그래서 하나님의 뜻을 따라 살아갈 수 없는, 자들로 붐비고 있다. 하나님께서 이러한 상황에 대하여 진노의 불을 언제 뿜어내실 지는 아무도 모른다. 성경을 거울로 비추어 보면 그리 멀지 않았음을 알 수 있다.

> 눅 12:4-5

내가 내 친구 너희에게 말하노니 몸을 죽이고 그 후에는 능히 더 못하는 자들을 두려워하지 말라 마땅히 두려워할 자를 내가 너희에게 보이리니 곧 죽인 후에 또한 지옥에 던져 넣는 권세 있는 그를 두려워하라 내가 참으로 너희에게 이르노니 그를 두려워하라

하나님은 사랑이시다.
하나님은 많은 자들이 하나님의 존재를 알게되기를 원하신다.
하나님의 사람들을 세우시고 그들의 삶을 통하여 살아계신 하나님을 나타내신다.

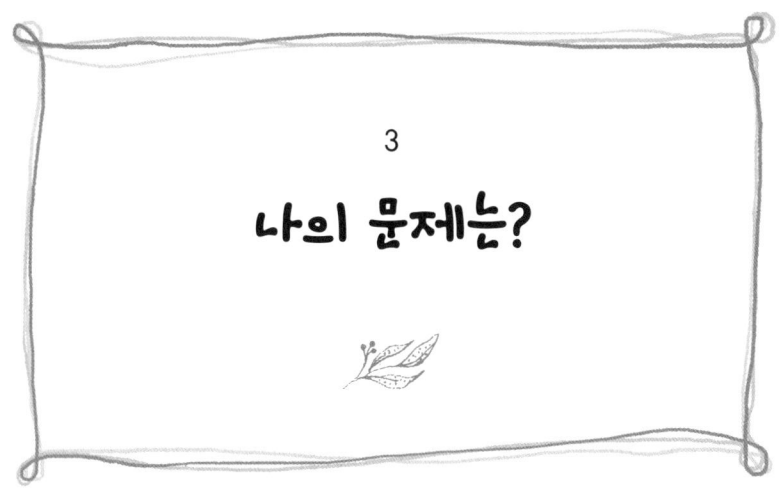

3
나의 문제는?

삶의 주변에 흔하게 볼 수 있는 가정의 문제, 교육의 문제, 분노의 문제, 이기심의 문제, 중독의 문제에 대하여 나누기로 하자. 나의 문제는 어디에 있는가?

가정의 문제

OECD 가입국 중에서 한국의 이혼율은 미국, 스웨덴과 함께 1위 그룹을 형성하고 있다. 결혼한 가정 두 쌍 중에 한 쌍이 이혼을 하고 있다. 뉴스 매체 등에서 흘러나오는 기사를 보면 배우자의 부정이 이혼사유의 대부분을 차지하고 있다. 이 얼마나 어처구니없는 부도덕한 사회인가.

'영의 눈이 가려진 세상'에서도 언급하였듯이 사회의 풍조가 음란과 부도덕으로 가득 차 있다. 이를 부추기는 음주 문화는 안방에로까지 깊숙이 들어와 있다. 음란을 부추기는 매체와 음악이 판을 치고 프로그램들이 범람하고 있다. 사탄의 덫에 걸려 사망의 길을 거침없이 달려가고 있다.

히 9:27
한번 죽는 것은 사람에게 정해진 것이요 그 후에는 심판이 있으리니

계 21:8
그러나 두려워하는 자들과 믿지 아니하는 자들과 흉악한 자들과 살인자들과 음행하는 자들과 점술가들과 우상 숭배자들과 거짓말 하는 모든 자들은 불과 유황으로 타는 못에 던져지리니 이것이 둘째 사망이라

교회는 빛과 소금의 역할을 한다고 한다. 하나님은 빛이시고 하나님의 빛을 입은 성도는 사회의 어두움에 하나님의 빛을 발하여 어두움을 비추이고 부패하고 타락한 세상을 정화 시키는 소금의 역할을 감당해야 한다.

한국은 세계 제2의 선교대국, 6만교회 일천만 교인을 자랑한다. 하지만 이러한 지표가 하나님의 생명을 지닌 선교, 교회, 성도(교인)하고는 거리감이 있는 것이 현실이다.
하나님의 생명이 없는 선교, 교회, 성도는 이미 예수그리스도가 함께하지 않는 선교, 교회, 성도일 뿐이다 .

하나님은 아담 이후에, 죄로 물든 육체의 소욕에 사로잡혀 영적으로 죽어 있는 우리 모두를 사랑하신다.

하나님께서 화목제로 보내신 예수 그리스도는 우리의 모든 죄를 대신 지시고 십자가에 달려 죽으시고 그리고 부활 승천 하셨다. 이를 믿고 예수그리스도를 나의 구주로 영접한 자는 성령님이 내 안에 들어오시어 함께하신다. 예수그리스도와 함께 죽은 자 가운데서 일으킴을 받아 영원한 생명의 길에 이르게 된다.

하나님의 은혜로 새로운 생명을 얻은 크리스천들의 삶은
살아계신 하나님의 증인이 되어
세상과 육신의 소욕에 사로잡힌 영적으로 죽어있는 자들을 깨워
예수 그리스도의 생명의 길로 인도해야 한다.

문제는 적지 않은 교인들이 거짓 교사(목자)들의 기복에 치우친 설교로 하나님의 말씀을 올바르게 깨우치지 못하고 신앙생활을 자기의 인생복락과 사후의 안전장치로 알고 있다는 것이다.

마 23:15

화 있을진저 외식하는 서기관들과 바리새인들이여 너희는 교인 한 사람을 얻기 위하여 바다와 육지를 두루 다니다가 생기면 너희보다 배나 더 지옥 자식이 되게 하는도다

바리새인들과 서기관들은 그 당시에는 가장 성경에 능통하고 성경지식이 풍부한 자들이고 유대 율법과 관습에 정통하고 가장 하나님을 잘 믿는다고 자부하며 또 일반 백성들에게 성경을 가르치는 영적 지도자

들이다. 이들이 예수그리스도를 핍박하고 십자가에 달아 처형한 자들이다.

오늘날의 교회에도 영적으로 훈련되지 않고 깨우침이 없는 적지않은 자들이 말씀을 왜곡되게 해석하고 전파하여 듣는자로 하여금 예수그리스도를 따르는 것이 아니라 세상의것, 우상을 섬기는 자로 인도하고 있다. 어두운 세상에 빛을 비추어야할 그리스도인들이 우상을 섬김으로 하나님의 생명인 빛과 사랑을 잃어버리고 방황하고 있다.

이들은 진정한 의미의 그리스도인이 아니다.
이들은 예수 그리스도를 모르는 세상 사람들로부터 조롱과 멸시를 받고 있다. 이들의 삶은 여전히 세상에 집중되어 있으며 자기중심적인 삶에서 벗어나지 못하고 있다. 하나님의 영광을 가리는 자들로 이들에게서 예수그리스도의 향기를 느낄 수 없다. 이들에게는 예수 그리스도의 생명이 없다.
이들은 예수 그리스도를 모르는 자들이다. 뿐만 아니라 사람들을 교회로 인도하여 말씀에서와 같이 지옥의 자식이 되게 하는 엄청난 죄를 저지르고 있는 것이다.

그럼에도 하나님 아버지께서는 지금도 하나님의 사람들, 성령의 사람들, 을 곳곳에 세우시어 예수 그리스도의 생명이 넘치는 복음을 그들을 통하여 전하고 계신다. 지금 이 순간에도 그들은 하나님의 자녀들이 예수께 돌아오고 말씀으로 돌아오기를 간절히 구하며 영적 부흥을 위하여 하나님 나라의 확장을 위하여 하나님께 부르짖으며 기도하고 있다.

지금은 회개가 절실히 필요한 때이다.
영적인 부흥이 우선 이루어져야 한다.
말씀으로 돌아오고 예수 그리스도 앞으로 돌아와 그 생명을 구해야 할 때이다.

전도와 선교는 성령의 인도하심을 받는 하나님의 사람, 크리스챤들의 삶을 통하여 이루어 진다. 그들은 지금도 세계 도처에서 자기 자신을 십자가에 매달고 자기 십자가를 지고 예수그리스도의 도구가 되어 쓰여지는 하나님의 사람들이다.

마 16:24
이에 예수께서 제자들에게 이르시되 누구든지 나를 따라오려거든 자기를 부인하고 자기 십자가를 지고 나를 따를 것이니라

다시 가정의 문제로 돌아가 보자.
한국 가정의 가장 심각한 문제는 무엇일까?
아마도 부부간의 갈등일 것이다. 이혼율을 보더라도 두 쌍 중에서 한 쌍이 이혼을 하는데, 이들이 어느 날, 갑자기 이혼을 하지는 않는다. 이혼에 이르기까지 서로간의 불신과 장벽, 대화의 단절 등 엄청난 부부관계의 문제들로 인한 회오리 속에 휘말려 왔을 것이다.

이러한 가정에서 같이 자라며 생활하는 아이들의 정서는 불안과 우울 그리고 슬픔일 것이다. 나아가서는 그들 중에, 결혼을 기피하는 경우도 있게 된다.

이외에 부모와 자식 사이의 갈등, 고부간의 갈등, 여러 사정으로 인한 편부모와 지내는 아이들과, 떨어져 지내는 부부, 다문화 가정 등 갈수록 가정의 틀은 변하고 있으며 이에 따른 가정의 문제들은 늘어가고 있다.

이곳 미국의 이민자 가정의 문제들은 급증하는 이혼, 가정폭력, 약물중독, 청소년 문제, 도박 등을 들을 수 있다. 이곳 역시 여러 가지 이유로 인하여 싱글로 사는 가정이 많다. 이혼율도 50%가 넘어섰다고 한다. 이로 인한 경제적 어려움과 청소년들의 정서불안 등 그 파급되는 악영향의 파도는 말할 수 없이 높고 크다.

또한 이민 가정의 특성으로 경제적인 문제, 노동으로 인한 상실감, 외로움, 미래에 대한 불안, 깨어진 가정환경으로부터 오는 스트레스 등으로 적지않은 자들이 술, 마약, 도박에 빠지게 되고 우울증 등 정신적 어려움들을 겪게 되기도 한다.

엡 5:22
아내들이여 자기 남편에게 복종하기를 주께 하듯 하라

성경에 기록되어 있는 하나님의 말씀이다.
남성들이 주눅이 들어 기를 못 피고 있는 시대에 '왠 이조시대 이야기를 하나' 하는 여성들이 있을 것이다. 성경에는 이어서 남편이 아내의 머리됨이 그리스도께서 교회의 머리됨과 같음이니 그가 친히 몸의 구주시니라, 교회가 그리스도에게 하듯 아내들도 범사에 그 남편에게 복종할 찌니라고 말씀하신다.

하나님께서는 아담이 홀로지내는 것이 좋지 못하니 그를 돕는 배필을 지으리라 하시고는 아담을 깊이 잠들게 하시고 그 갈빗대 하나를 취하여 살로 대신 채우고 여자를 만들어 아담에게 이끌어 오셨다.
하나님은 여자 하와를 아담을 돕는 자로 만드셨고, 남자가 부모를 떠나 그 아내와 연합하여 한 몸을 이룰찌로다 라고 말씀하셨다.

아내가 하나님께서 짝지어 주신 주인 되는 남편에게 복종하지 않음으로써 가정의 문제는 시작이 된다. 하나님의 창조의 원리는 여자인 아내가 남자인 남편에게 복종하는 것이다.
세상적으로 아무리 부족해 보이는 남편일지라도 아내가 그에게 순종할 때 남편인 남자가 세워지며 그 구실을 제대로 하게 된다.

> 엡 5:25-28

남편들아 아내 사랑하기를 그리스도께서 교회를 사랑하시고 그 교회를 위하여 자신을 주심 같이 하라 이는 곧 물로 씻어 말씀으로 깨끗하게 하사 거룩하게 하시고 자기 앞에 영광스러운 교회로 세우사 티나 주름 잡힌 것이나 이런 것들이 없이 거룩하고 흠이 없게 하려 하심이라 이와 같이 남편들도 자기 아내 사랑하기를 자기 자신과 같이 할지니 자기 아내를 사랑하는 자는 자기를 사랑하는 것이라

아내 사랑하기를 그리스도께서 교회를 사랑하시고 그 교회를 위하여 자신을 주심 같이 하라고 하신다. "예수께서 교회를 물로 씻어 말씀으로 깨끗하게 하사 거룩하게 하시고 자기 앞에 영광스러운 교회로 세우사 티나 주름 잡힌 것이나 이런 것들이 없이 거룩하고 흠이 없게 하려 하심이라 이와 같이 남편들도 자기 아내 사랑하기를 자기 자신과 같이 할지니"라고 말씀하신다.

이 얼마나 값지고 귀한 말씀인가! 하나님께서 보내주신 돕는 배필 아내를 지극히 사랑하고 아끼며 지키어 영광스럽고 티나 주름 없이 거룩하고 흠이 없게 아내를 사랑하라고 말씀하신다. 이를 위하여 아내의 마음이 상하지 않게 큰마음으로 아내를 배려하고 사랑할 뿐만 아니라 아내를 있는 그대로 사랑하고 아끼며 아내 외의 다른 여자에게 눈을 돌리지 말아야 한다.
아내들 또한 하나님께서 섬기라고 만나게 해주신 남편에게 순종하며 남편이 지니고 있는 모든 것을 사랑하고 인정하며 끝까지 인내와 사랑으로 남편을 도우며 살아가야 할 것이다.

이러한 마음들은 내가 시퍼렇게 살아 있어서는 이룰 수 없는 것들이다. 내가 살아있는 것은 나의 기준이 강하여 남을 판단하고 비판하며 나의 생각대로 뜯어고치려 함이다.
사람의 타고난 기질과 성품은 바뀌지 않는다. 나와 다른것이 비판과 정죄의 대상일 수 없으며 그냥 다른 것으로 인정하고 그러한 점까지 사랑하고 감싸며 살아가야 한다.

내가 살아 움직이는 자기본위의 삶으로는 배우자와 좋은 관계를 가질 수 없다. 내가 죽고 아내를 용납하고 아끼고 사랑하며 내가 죽고 남편을 인정하고 순종하며 살아가는 것이 하나님의 창조의 질서에 순응하며 하나님의 복을 누리는 삶이다.

> **엡 6:1-4**
>
> **자녀들아 주 안에서 너희 부모에게 순종하라 이것이 옳으니라 네 아버지와 어머니를 공경하라 이것은 약속이 있는 첫 계명이니 이로써 네가 잘되고 땅에서 장수하리라 또 아비들아 너희 자녀를 노엽게 하지 말고 오직 주의 교훈과 훈계로 양육하라**

하나님은 먼저 자녀들에게 부모에게 순종하라고 말씀하신다. 자녀들은 하나님의 뜻 안에서 부모에게 순종해야 한다. 이것이 하나님의 뜻이요 창조의 원리이다.

아버지는 자녀들을 노엽게 하지 말고 오직 주의 교양과 훈계로 양육하라고 말씀하신다. 자녀교육은 부모의 삶 그 자체이다. 아이들은 부모들이 언행을 그대로 답습하고 따르며 배우게 된다.

세상의 매체나 TV 등에서 흘러나오는 음악 드라마 영화 광고 등은 지극히 선정적이고 부도덕한 것들로 넘쳐나는데 엄마 아빠가 세상에 빠져 TV 오락, 술, 도박 등 음주가무를 즐기고 있다면 아이들을 아무리 다그친들 무슨 소용이 있으랴.

미국의 경우에, 이민자 가정의 아버지는 가부장적 권위로 아이들을 훈계하는 경우가 적지 않은데 아이들이 주로 접하는 친구들과 학교 친구들은 미국문화에 익숙한 자들이다. 이로 인한 갈등과 언어소통의 장벽으로 대화가 끊기고 심각한 부모와 자식 사이의 관계의 문제를 지니게 되는 가정들이 많이 있다.
아이들은 아이들대로 힘들어 하며 술과 마약 게임등에 빠지기 쉽고, 부모는 힘든 이민생활 속에 자식의 빗나감을 바라보며 절망에 빠지기도 한다.

사람은 하나님의 형상을 닮은 자로 지음을 받았다. 하나님의 형상을 닮은 자로 살아감이 자연스러우며 가장 아름다운 삶이 되는 것은 당연한 일이다.
하지만 수많은 사람들이, 교회를 다니는 사람들 중에도 대다수의 사람들이, 하나님의 창조의 목적과는 다른 방향, 세상의 것 땅의 것들에 집착하며 많이 배우고 많이 벌고 많이 지니려 하는데 몰입하고 있다. 자녀들도 대를 이어 세상적으로 많이 누리기를 바라며 양육한다. 내가 누리지 못한 것들을 자녀가 대신 누려주기를 바라며 양육을 하고 있다.
잘못된 방향의 길을 걸어가며 수많은 아픔과 슬픔과 절망과 좌절을 맛보며 끝없는 공허함 속에 삶을 마감하고 있다.
하나님의 형상을 닮은 자로 살아간다는 것은 어떻게 사는 것인가?

예수님은 우리와 똑 같은 육신의 몸으로,
하지만 죄 없으신 몸으로 이 땅에 오셔서 하나님을 나타내 보여 주셨다.

요 1:18

본래 하나님을 본 사람이 없으되 아버지 품 속에 있는 독생하신 하나님이 나타내셨느니라

예수 그리스도의 삶을 따르는 것이 하나님의 형상을 따라 살아가는 것이다. 다시 말해서 하나님 아버지의 창조의 목적대로 살아가는 것이다. 나를 창조하시고 영원한 생명의 길로 구원하여 주신 하나님을 찬양하며 그분의 기쁨과 영광을 위하여 살아가는 것이다.

예수님을 따르려면 어떻게 하여야 하는가?
나는 죽고 예수로 살아가는 삶 이어야 한다.

마 16:24
이에 예수께서 제자들에게 이르시되 누구든지 나를 따라오려거든 자기를 부인하고 자기 십자가를 지고 나를 따를 것이니라

내가 어떻게 죽지?

우리는 죄로 물든 육신을 입고 태이닌다.
태어나면서 부터 '죄성' 을 지니고 태어나는 것이다.
나의 생각과 의지 나 중심의 이기적인 사고와 행동은 모두 죄를 불러온다.
우리는 감옥에 가게 되는 사람만이 죄인 인줄 알지만 하나님 보시기에는 그 죄나 이 죄나 죄인은 마찬가지이다. 실제로 이 사회에 감옥에는 안가 있지만 그보다 훨씬 탐욕스럽게 세상을 누리며 살아가는 자들이 얼마든지 있다.

내가 죽으려면 성령하나님의 도우심이 있어야 한다.
사람의 의지로는 내가 결코 죽을 수 없다.

나의 육신의 정욕과 의지 생각 등을 물리칠 힘이 없는 것이다.

죄로 물든 이세상은 사탄이 지배하는 세상이다.
타락한 천사들인 사탄은 하나님과 대적하며 우리들을 죄 가운데 묶어두려고 발버둥 친다. 사탄은 영적인 존재들로 인간이 대적할 상대가 못된다. 인간에게는 사탄의 유혹과 궤계를 물리칠 능력이 없다.
사탄은 달콤하고 먹음직하고 보암직한 것들로 우리를 유혹한다. 일시적인 쾌락과 안락을 미끼삼아 끊임없이 유혹한다. 이 사탄을 이길 힘은 삼위일체 하나님께로 부터 나온다. 나의 육적인 의지와 생각을 예수그리스도의 십자가에 못 박아야 한다.
나의 구주로 영접한 예수 그리스도의 영인 성령님의 인도하심에 나의 삶을 맡길때, 나의 힘이 아닌 성령하나님의 권능으로, 어두움과 죄의 권세인 사탄의 유혹을 물리치며 날마다 매순간 승리하는 주님의 백성으로 살아가게 된다.

눈을 가린 베일이 벗겨져 맑은 영의 눈으로 하나님의 영광을 바라보며 그분의 말씀에 순종하며 살 수 있게 되는 것이다.

창 3:15

내가 너로 여자와 원수가 되게 하고 네 후손도 여자의 후손과 원수가 되게 하리니 여자의 후손은 네 머리를 상하게 할 것이요 너는 그의 발꿈치를 상하게 할 것이니라 하시고

여기에서 '너' 는 하와를 유혹하여 선악과를 아담과 같이 먹게 한 사탄

(뱀)을 말한다. 사탄의 후손이 여자의 후손, 동정녀 마리아에게서 나신 예수님과 원수가 되게 하는데 여자의 후손이 네 머리를 상하게 할 것이요 라고 말씀하신다. 머리를 상한 자는 죽거나 회복이 불가능하게 될 것이다.

예수 그리스도께서 사탄을 제압하시고
우리를 죄와 사망의 늪에서 구원하실 것을 말씀하고 계시다.

예수 그리스도께서 나의 죄를 대신하여 십자가에 달려 피 흘려 죽으시고 부활하시어 하늘 보좌에 오르심으로 이를 믿는 자들은, 그 보혈의 공로로 더럽고 추한 나의 죄가 눈보다 더 깨끗하게 씻김을 받고 죄 사함을 얻어, 사망에서 영원한 생명으로 건짐을 받게 될 것이다.

행 2:38
베드로가 이르되 너희가 회개하여 각각 예수 그리스도의 이름으로 세례를 받고 죄 사함을 받으라 그리하면 성령의 선물을 받으리니

하나님 앞에서 죄인임을 회개하고 각각 예수그리스도의 이름으로 세례를 받고 죄 사함을 받으라고 말씀하신다. 그리하면 성령의 선물을 받는다고 말씀하신다.
회개하여 예수그리스도의 이름으로 세례를 받은 자는 선물로 받은 성령의 역사로 하나님의 권능을 받아 사탄의 유혹과 공격을 물리쳐 이길 수 있다.

성령 하나님의 도우심을 얻기 위하여 우리는 성령으로 충만하여야 한다.

우리의 마음이 온전히 하나님을 향한 마음으로 가득 찰 때 우리는 성령의 충만함을 경험하게 된다. 성령의 소욕과 육체의 소욕은 서로 대적의 관계에 있기 때문이다.

예를 들어, 어떤 교인이 주일마다 빠짐없이 예배에 참석하고 헌물도 정성껏 드리고 예배 후 교회 일을 솔선수범하여 잘 섬긴다. 그런데 집으로 돌아가면,

세상 일에 빠져 남편에 대한 원망과 미움으로 늘 불편하고 언제 큰 집을 구하여 이사를 갈수 있나에 집착하여 골머리를 앓으며 근심과 걱정에 싸여 있다면,

새로 나온 뉴 모델의 고급 세단을 언제 어떻게 구입할 수 있을까로 고민하고 있다면,

둘째 아들 철이가 좋은 대학에 들어가서 세상 사람들이 부러워하는 좋은 환경에서 일하며 돈을 많이 벌 수 있다면 친구들을 만나도 교회의 형제자매들에게도 떳떳하고 자랑스러울 텐데 등등

세상 것을 누리고 취하는 육신의 소욕에 사로잡혀 있다면 불행하게도 이 사람의 삶 가운데에는 주님이 동행하지 않으신다는 말이다.

이러한 삶은 성령 하나님의 인도하심이 없고 따라서 성령 충만 하고는 거리가 먼 세속적인 삶을 살아가게 된다. 어떤 이는 반문을 한다. 세상 속에 살면서, 산속 절에서 지내는 중도 아닌데, 어떻게 세상의 것들을 외면하고 살 수 가 있느냐고?

그리스도인은 세상 속에서 살아가야 한다. 세상의 어두움을 예수 그리스도의 빛으로 몰아내는 역할이 그리스도인의 몫이다. 세상의 슬픔과 아픔에 힘겨워하는 이들을 예수 그리스도의 사랑으로 만져주고 치유시켜주고 회복시켜주는 것이 그리스도인의 삶이다. 소금과 빛이 되어 부패하고 추한 세상을 맑고 깨끗하게 변화시켜 나아가는 주역이 그리스도인이다.

예수님은 낮은 데 임하시는 겸손하고 온유한 분이시다. 그들을 돕는다는 교만과 오만으로 그들에게 또 다른 상처를 주시지 않으신다. 이러한 크리스천의 삶이 이웃을 빛과 사랑의 길로 인도하는 원천이 되는 것이다. 이러한 삶이 하나님 나라의 확장에 쓰임 받는 일이며 하나님 아버지의 기쁨이 되며 그분의 영광을 위하는 삶이 된다.

나의 가정은 하나님께서 보내주신 사랑하는 아내와, 예수 그리스도를 믿는 믿음 안에서 꿋꿋하게 살아가고 있는 사랑스러운 딸과 사위 그리고 그리스도 안에서 앞길을 잘 헤쳐나아가고 있는 사랑하는 아들이 있다.

나의 가정은 가장인 내가 하나님을 모르는 영적인 장애를 지니고 살아감으로 많은 관계의 어려움들이 쌓여갔다. 이제, 내 가정의 문제들과, 내가 하나님의 은혜로 예수 그리스도를 만나 영적인 장애가 걷히어 짐으로, 내 가정의 관계의 어려움들이 해결 받은 일들을 간증하고자 한다.

나는 한국에서 태어나 40중반까지 한국에서 지내다 1998년 초에 가족과 함께 이곳 미국으로 이민을 왔다. 나의 삶을 돌이켜보면 어리석은 삶의 연속이었다. 나는 3대째 기독교 집안의 8남매 중에서 막내로 태어나 사랑을 많이 받으며 자랐다.

수줍음이 많은 내성적인 성격을 지니고 초 중고시절을 지나며 주일에는 교회에 출석하여 예배에 참여하였다. 절기마다 행사에 소극적이나마 참여 했다. 유약해 보이면서도 내면의 강함을 지니고 있었고 성실하고 정직하였다.

고교 2학년 여름방학 때, 5년간의 투병 끝에 어머니가 돌아가시고 새 어머니가 오시게 되면서 나의 쉼터요 보금자리인 가정은 자취를 감추고 허전하고 외로운 마음에 방황의 세월이 있었다. 깊고도 어두운 방황이었고 이러한 세월은 그때부터 지금까지 내안에 남아 나를 다소간 간섭하고 있다.

그때부터 교회는 일 년에 몇 번 정도 나아가는 것이 고작이었고, 수년간 교회를 멀리한 시간도 있었다. 그 후 40여 년간 나를 위하여 가족을 위하여 세상의 것들에 마음을 빼앗긴채로 죄와 더불어 살아갔다

하나님을 등지고 세상을 향하는 나의 삶으로 영혼은 메말라 피폐하여지고 특히 이민 후에, 고달프고 외로운 생활과 많은 것들을 잃어가며 삶에 대한 의욕과 소망 대신 절망과 슬픔과 어두움이 나의 마음을 덮어갔다. 우울증과 함께 오랜 세월을 걸쳐 지인들과 친지들로부터 멀어져 갔다. 그리고 한 집에서 사는 식구들과도 대화가 단절되어가고 세상에 나만 홀로 외롭게 서있는 지경에 이르게 되었다.

이렇게 지내는 가운데에도 하나님께서 언젠가는 나를 붙잡아 일으키시고 회복시켜 주실 것이라는 믿음이 있었기에 스스로 삶을 포기하지 않고 지내올 수 있었으며 이무렵 홀로 집을 나와 길거리에 몸을 의탁하는

홈리스들과 스스로 목숨을 버리는 자들의 심정을 헤아리게 되었다.

한편, 내가 이대로 삶을 마감하면 자녀들이 아빠를 떠올릴 때, 아빠의 모습이 어떠한 모습일까를 생각하면 자녀들에게 너무나 미안한 마음이 들곤 하였다. 그리고 나만 믿고 이곳 미국까지 따라온 아내와는 사이가 나빠져 몇 달씩 대화 없이 지낼 때도 있었다.
이렇게 지내는 것 보다는 차라리 헤어지는 것이 자녀들에게도 안 좋은 영향을 덜 끼칠 것이라는 생각을 수시로 하게 되었다. 아무도 알지 못하는 머나먼 곳으로 날아가 그곳이 어디가 되었든지 혼자서 살다 죽고 싶었다.

나와 내 가정만을 위한 삶에서 벗어나서 주님을 위하여 삶을 살아갈 기회는 이제 없는 것인가 하는 좌절이 나를 감싸곤 하였다. 무의미하게 살다가 사라지는 나의 모습이 왜 이리 초라한지.

이민 후에, 요리사, 스몰 비지니스, 재정(보험)설계사, 수영장청소, 창고 인벤토리, 부동산중개인, 대형트럭운전, 덴탈랩 딜리버리와 테크니션 등 참으로 다양한 일을 하며 살아가게 되었다. 새로운 일을 할 때마다 익히는 것이 힘들었고 익히고 나면 얼마 못가서 그만두곤 하였다.

이곳에서는 한국신문 미국판이 있어 가끔 마켓에서 사서 보는데 어느날 신문에 수영장 청소권(pool cleaning service)판매 라는 광고가 눈에 띄었다. 전화를 걸어 광고주를 만나보았다. 6개월 정도는 안하던 일을 익히느라 힘이 들지만 고비를 잘 넘기면 경기에도 둔감하고 안정적인 수

입을 올릴 수 있는 좋은 스몰 비지니스라는 설명이 나의 마음을 끌었고 사람들과 접촉이 없이 혼자서 하는 일이라 더욱 마음이 끌렸다.

일하는 시간이 좋고 시간적인 여유도 가질 수 있으며 비교적 수입도 좋아 이것, 저것을 잘 뜯어 고치는 자에게는 아주 좋은 일거리 이며 이 비지니스는 아직도 대다수의 백인이 하고 있고 적지 않은 한국인들도 섞여서 하고 있다.

나의 경우에, 집에서 전기도 제대로 못 만지는데 과외 일(extra job)이 생기면 뜯고, 전기 만지고, 교체하고, 파이프 작업하는 것들이 겁부터 나서 3년이 지나도록 잘 아는 사람을 불러서 같이 일을 하곤 했는데 그 바람에 수입은 절반으로 줄어들었다. 이일 또한 나의 선천적 기술 부족과 어깨 고장으로 인하여 결국 내려놓아야 했다.

이렇게 고달픈 이민자의 삶이 계속 이어져가는 가운데, 가족과의 관계도 점점 더 단절 되었다. 나의 영혼은 메마를 때로 메말라 호흡만이 붙어있을 뿐, 아무런 삶의 의미를 느낄 수 없었고 순간순간의 삶이 답답하고 고통스러운 시간들의 연속이었다. 이제 곧 이 무의미한 삶을 하나님께서 거두어 가시겠구나 하는 마음이 들었다.

이러한 가운데에도 일을 하지 않을 수 없는 처지라 이 일, 저 일을 거쳐 나에게는 너무나 힘이 들었던 바퀴 18개가 필요한 대형트럭을 몰기도 하였다. 이 일로 심장병이 생겨 몇 번 위기의 순간을 운전 중에 겪게 되었으며 이일도 결국 내려놓을 수밖에 없었다.

이 무렵에, 사랑하는 딸이 대학원을 졸업하였다. 이제 사회에 나아가 일이 생기면 돈도 벌수 있겠구나 생각하니 연약해 질대로 연약해진 나의 심신에 위로가 되었다. 하지만 이때, 딸이 엄마 아빠에게 청을 한다. 살아오면서 하나님으로부터 받은 은혜가 너무 커서 일 년 동안 선교지에 나아가 봉사하고 오겠다는 것이다. 딸이 대신 집안을 이끌어 주기를 바랐던 나로서는 참으로 답답한 지경이었다. 하나님께서 하시는 일이라 안 된다고 잘라 말할 수 도 없고 그렇다고 '그래 다녀와라!' 할 수도 없는 상황이다.

딸이 어렵게 선교이야기를 꺼낸 지 수개월이 지났지만 나는 답을 줄 수가 없었다. 마음속으론 많이 서운하기도 하였고 돈을 벌 환경이 되었으니 직장을 갖고 부모의 경제적인 부담을 덜어주기를 바랬다.

또한 내가 일을 잃은 상황에서 딸이 선교지에서 어려운 일을 당하게 되면 정말로 더 이상 삶을 지탱해 나아가기가 어렵다는 생각에 가지 말라고 말하고 싶으나 하나님의 뜻은 내 뜻과 다를 수가 있구나 하는 생각에 결정을 못하고 있었다.

딸로 부터 이메일이 왔다. 대면하여 말하기 거부하니 글로 선교 계획에 대한 딸의 생각과 하나님의 말씀하심을 쓴 것이다. 엄마아빠가 얼마나 힘이 들지를 잘 알기 때문에 가야 되나를 놓고 하나님께 매달려 기도를 많이 하며 응답을 기다렸는데 하나님께서는 '가라' 고 말씀하셨고, '네가 나가있는 동안에 너의 가족은 내가 지켜주겠다.' 는 응답을 확실히 받았다고 했다.

그로부터 얼마 후에, 딸의 답답한 마음이 나에게 부담이 되어 동네 근처의 월남국수 집에 데려가 국수를 먹으며 오래만에 딸과 대화를 하였다. 나의 솔직한 심정과 왜 가기를 원치 않는지를 말하여 주는데 자꾸만 눈물이 솟구쳤다.

딸도 눈물을 자꾸만 흘리어, 서둘러 월남국수집을 나와서 집근처 공원을 거닐며 이야기를 계속 하였다. '아빠가 너무 치쳐서 살아갈 의욕이 없고 네가 우리 집안의 힘이 되어주었으면 좋겠다' 는 이야기를 하였다. 우리 딸이 아빠의 아픈 마음을 들어줄 만큼 성장한 것이 대견하기도 하였고 하나님께 감사하기도 하였다.

딸에게 지금도 선교를 보내야 되는지 말아야 되는지는 확신이 없다고 하였다. 딸이 다시 찬찬히 말해 주었다. 딸은 하나님께서 자기가 선교지에 나가있는 동안 우리 가정을 지켜주실 것이 확실하고, 사실 아빠를 위하여 선교지에 가게 되었다는 말을 하며 아빠도 하나님의 말씀을 믿고 갔다 올 수 있게 해달라는 것이었다.

나는 하나님께서 하시는 일을 내가 거역할 수 가 없구나 하는 마음으로 딸에게 6개월만 있다가 올수 있느냐?고 물었다.

딸은 여러가지 해결해야할 일들이 있지만 그렇게 해보겠다고 하였다.

나도 그리고 딸도 마음이 훨씬 가벼워지는 느낌이 들었다.

어느덧 딸이 선교지로 떠날 날이 다가와 온 식구와 딸이 속하여 있는 교회 사람들이 공항에까지 눈물의 배웅을 하고 돌아왔다.

딸의 선교지에서의 안부가 걱정이 되었다. 내가 하나님의 뜻을 따르지 못한 신앙생활로 딸에게 선교지에서 안 좋은 일이 생길 수도 있겠다는 마음이 자꾸만 생겼다. 집에 돌아와 딸을 지켜 주시고 우리 집안을 구해 달라는 간절한 기도를 올렸다.

대형트럭 운전을 그만두고 심신이 지쳐있던 나는 나이를 고려하여 집에서 가깝고 무리가 가지 않는 일을 갖기를 원했다. 하지만 이와는 거리가 먼 조건의 일도 두 달 여 동안 잡을 수 없었다.

그런데 딸이 떠난 다음날, 인터넷에서 덴탈랩 일이 하나 떴다. 전화를 해보니 내가 할 수 있는 쉬운 일이었고 즉시 달려가 인터뷰를 하였는데 나이가 많아서 인지 연락할테니 집에서 기다리고 있으라 하였다. 이 일이 나의 일 같으니 꼭 나에게 주십사 하고 하나님께 기도를 하였다.

사장으로부터 '내일부터 나와 보라' 는 연락이 왔다. 마음이 가벼웠다. 내가 원하는 모든 조건을 다 갖춘 일 이었다. 하나님께서 우리가정을 책임져 주신다는 딸의 말이 떠올랐고 하나님께 감사의 기도를 올렸다. 나의 마음에 짙게 드리워 있던 먹구름은 엷어져갔다.

덴탈랩에서 일을 하던 중에 어느 날, 갑자기 전에 경험 하였던 심장의 이상이 찾아왔다. 피곤이 겹치고 일이 갑자기 밀려들어 며칠 과로를 하여서일까. 금방 정신을 잃을 것 같았고 30분간 아무리 진정을 하려 해도 안 되어 사장한테 사정을 호소하고 마침 집에 있던 아들에게 전화를 하였다. '아빠가 몸이 안 좋아 운전을 할 수가 없으니 와서 데려가 달라' 고.

아파트 주차장에 와서도 어지러워 한참을 주저앉아 있다가 집에 들어가 휴식을 취하며 혈압을 재어보니 평소보다 40~60은 혈압이 떨어져 있었고, 맥박은 110정도를 오르내리며 맥이 뛰었다 말았다 하였다.

다음 날 아침에 무보험 환자에게 잘 대해준다는 한인 의사를 찾았다. 진단결과 부정맥 같은데 지금은 모든 게 정상이니 24시간 심전도 검사를 해보고 그래도 안 되면 3주간 심전도로 원인을 정확히 파악해야 처방을 할 수가 있다고 했다.

그 다음날에도 이미 한번 요동을 친 심장은 정상으로 움직이고 있어 정확한 원인을 찾지 못하고 다음으로 미루었다. 고마운 것은 초음파, 심전도, 피검사 등 각종 진료비가 많을 터인데 보험이 없는 나에게 10%도 안 되는 $70만 내라고 하였다. 너무나 고마워 눈시울이 붉어졌다.

이 일을 겪고 나서, 집에서 사랑하는 아내와 예배를 드리는 가운데 하나님께서 나를 더 이상 기다리지 못하시는구나 하는 마음이 들었다. 사실, 그전에도 무의미하게 하루하루를 때우던 나를 병으로 하나님께서 빨리 데려가실 지도 모른다는 생각이 들곤 했었다. 이 땅에서 남은 나의 삶이 더 이상 나의 것이 아닌 하나님의 것으로 살아지길 원하심이 강렬하게 느껴졌다.

딸이 선교지로 떠난 직후에 나와 아내는 새벽집회, 주일예배, 가정예배를 드리기 시작하였다. 딸의 선교 기간 동안에 왠지 주님을 잘 섬겨야 한다는 마음이 들고 딸의 선교를 위하여 기도를 해야겠다는 마음에서였다. 딸이 떠난 후 맞이한 첫 토요일에 새벽기도 집회에 나아가 기도를 하는데 회개의 눈물이 앞을 가리어 기도가 잘 되어 지지 않았다.
이날 새벽 집회 때, 한없이 따스하고 부드러운 성령이 내게 임하셨다. 성령 하나님은 나를 안아주셨고 넓은 품으로 품어 주시며 위로해 주셨다. 기도 대신 회개와 감사의 눈물을 닦는 것으로 그날의 기도를 대신하였다.
새벽예배 후 밖으로 나왔는데 내 앞에 펼쳐진 세상은 다른 세상 같았다. 잿빛과 안개로 가득하던 세상이 환하게 밝아져 있는 것이다. 나의 마음은 가벼워졌고 주님의 생명수가 몸 안에 흐르는 기쁨을 맛보며 감사의 찬양이 저절로 나왔다.

딸과의 신실한 약속을 지켜 주심이 더욱 감사했다. 그날 하나님은 나에게 홀로 기뻐하지 말고 네 주위의 친지들과 이 기쁨과 은혜를 나누고 함께 축복받으며 회복되어지라는 메시지를 주셨다. 그날 이후 나의 예배와 기도와 찬양은 감사와 은혜로 넘쳐흘렀고, 달고 오묘한 주님의 말씀에 크나큰 깨달음과 기쁨이 있었다.

아침에 눈을 뜨면서 잠이 들 때까지 하나님 아버지의 은혜와 사랑에 대한 감격으로 삼위일체 하나님의 생각으로 가득 차게 되었다. 죄와 세상의 것들로 부터 자유로움을 얻게 되었다.

이 땅에 속하여 육체의 소욕을 따르던 나의 삶이 하늘에 속하여 사랑이신 하나님의 말씀과 예수 그리스도의 십자가 사랑과 부활에 감동 감화되어 성령의 인도하심에 따라 새로운 생명으로 거듭 태어났다. 할렐루야!

"하나님 아버지 주님께서 살아 움직이시는 이 놀라운 역사를 찬송 합니다. 이 모든 넘치는 감사와 은혜와 축복과 새 생명으로 거듭난 삶을 통하여 주님 홀로 영광 받으시옵소서."

그전에는 어릴 적에 식구들과 어울려 부르던 찬송가가 너무나 그리워 불러보려 해도 무거운 마음과 가라앉은 목을 맴돌며 나오지 않았다. 그러나 이제는 하루도 빠짐없이 찬송을 찾아 듣고 부르게 되었다. 많은 사람들과 쌓여 있던 나쁜 감정들도 말끔히 씻겨져 관계의 회복이 이루어졌고, 매일 부딪히는 사람들과도 오래 참고 사랑과 온유함으로 대함으로서 마음 상하는 일이 없어졌다.

가까이는 아내와 아들의 믿음이 더욱 깊어져가고 있고, 딸 또한 아빠의 거짓말 같은 변화로 더욱 깊은 하나님과의 교제를 이어갈 수 있게 되었음을 믿는다.

예수님과의 깊은 만남이 없었던 지난 세월 동안에, 늦게 보게 된 아들과는 비교적 많은 시간을 놀아주고 친구같이 지내 와서 관계가 좋은 편이었다. 그렇지만 아내와 딸과는 대화가 단절되어 보이지 않는 벽이 굳게 버티고 있었는데 내가 변화됨으로 크나큰 관계의 회복이 일어났다.

하나님과의 영적인 교제가 없이 세상 것에 매달리어 살아오며 좌절하고 상처뿐인 나의 마음에 예수 그리스도의 사랑이 들어온 것이다.

사랑하는 아내는 하나님께서 주신 둘도 없는 귀한 선물임이 느껴지며 소소한 것까지 단점으로 내 마음에 비쳐지며 나를 힘들게 했던 것은 자취를 감추고 수많은 장점과 강점들이 나를 압도하며 부부사이를 순식간에 회복시켜 주었다. 나의 아내도 다른 사람하고 사는 것 같다며 나의 변화된 모습을 지켜보며 매우 기뻐하였다.

사랑하는 딸은 아빠의 변화된 모습에 감격과 기쁨으로 즐거워하였다. 10년간 아빠를 향한 눈물의 기도가 응답을 받았다면서. 딸과의 단절된 대화와 장벽도 없어져 예전의 모습으로 회복되었다. 딸이 말했다. 아빠와 눈을 맞추며 두런두런 얘기할 수 있음이 너무 행복하고 감사하다고.

평소에 말이 별로 없는 아들은 아빠의 변화된 모습을 무척 기뻐하며 그동안 우리가정이 힘든 시기를 보내는 동안 홀로 많이 외로웠노라고 그

제야 고백을 하였다. 나와 가정의 변화를 통해 아들의 믿음도 많이 자라고 마음의 외로움도 순식간에 채워짐을 알 수 있었다.

내가 죽으면 자녀들이 아빠를 떠올릴 때 무슨생각을 하게 될까 하며 한없이 허전했었는데, 이제 하나님께서 주신 새로운 생명으로 나를 세워주시고 나의 가정을 다시 회복시켜 주셨다. 주님 보시기에 아름다운 가정으로, 관계의 문제가 없는 가정으로.

사랑하는 딸이 선교를 떠나며 영적으로 피폐해진 아버지와 가정을 위하여 남기고간 쪽지의 일부이다

-초략-

우리 아빠, 엄마, 동생에게 너무 고마워요!
우리 가족의 후원이 든든히 버티고 있기에
기쁘고 가벼운 마음으로 갑니다!

제가 그곳으로 가면서 가장 큰 기도제목중의 하나가
우리 가정 안에 예배가 회복되는 것입니다.
사랑하는 아빠, 엄마, 동생-
예배는 탯줄과도 같아서 살아있는 예배와 그 가운데 꾸준히
나아감으로 공급받지 못할 때, 탯줄의 끊김같이 우리의 영혼이 살수가 없습니다.
그 생명줄인 예배가 우리 가정 안에 살아나기를 기도합니다!

아빠, 엄마, 그리고 동생
누가 우리 가족만큼 날 위해 매일 잊지 않고
기도로 힘을 실어주겠어요?
우리가족이 그 누구보다도 날 위해
열심히 기도하며 후원해 주리라 믿어요!
매일매일 말씀도 읽으며 기도로
저를 보호해 주시고 응원해 주세요!
부탁드리기는 제가 없는 동안
일주일에 한 번이라도 가정예배를 드려 주세요.
함께 모여서 기도하고, 찬양하고, 말씀을 읽을 때
성령님께서 멀리 떨어져있는 우리를 하나로 단단히 묶어주실 것을 믿어요!

−중략−

아빠, 직장 그만두고 다시 찾는 것이 만만치 않죠?
몸에 무리가 가지 않고 아빠가 즐겁게 하실 수 있는 일을 찾게 해달라고 기도하고 있어요.
아빠도 너무 염려 마시고 마음 편히 먹으시고,
다른 어느 것보다도 물질을 두고 하나님께 의지하며
기도 하실 수 있으면 좋겠어요.
하나님께서는 우리의 육적인, 그리고 영적인 필요를 채워 주시는 신실한 분이시니까요!

마 6:24~34

한 사람이 두 주인을 섬기지 못할 것이니 혹 이를 미워하고 저를 사랑하거나 혹 이를 중히 여기고 저를 경히 여김이라 너희가 하나님과 재물을 겸하여 섬기지 못하느니라 그러므로 내가 너희에게 이르노니 목숨을 위하여 무엇을 먹을까 무엇을 마실까 몸을 위하여 무엇을 입을까 염려하지 말라 목숨이 음식보다 중하지 아니하며 몸이 의복보다 중하지 아니하냐 공중의 새를 보라 심지도 않고 거두지도 않고 창고에 모아들이지도 아니하되 너희 하늘 아버지께서 기르시나니 너희는 이것들보다 귀하지 아니하냐 너희 중에 누가 염려함으로 그 키를 한 자라도 더할 수 있겠느냐 또 너희가 어찌 의복을 위하여 염려하느냐 들의 백합화가 어떻게 자라는가 생각하여 보라 수고도 아니하고 길쌈도 아니하느니라 그러나 내가 너희에게 말하노니 솔로몬의 모든 영광으로도 입은 것이 이 꽃 하나만 같지 못하였느니라 오늘 있다가 내일 아궁이에 던져지는 들풀도 하나님이 이렇게 입히시거든 하물며 너희일까보냐 믿음이 작은 자들아 그러므로 염려하여 이르기를 무엇을 먹을까 무엇을 마실까 무엇을 입을까 하지 말라 이는 다 이방인들이 구하는 것이라 너희 하늘 아버지께서 이 모든 것이 너희에게 있어야 할 줄을 아시느니라 그런즉 너희는 먼저 그의 나라와 그의 의를 구하라 그리하면 이 모든 것을 너희에게 더하시리라 그러므로 내일 일을 위하여 염려하지 말라 내일 일은 내일이 염려할 것이요 한 날의 괴로움은 그 날로 족하니라 아빠가 무조건 건강하셨으면 좋겠어요!
몸도 마음도 건강하고 평안하시길 기도할게요!

사랑해요 아빠!

-후략-

교육의 문제

교육은 크게 구분하면 가정교육과 학교교육, 교회 등에서 운영하는 종교교육(주일학교), 그리고 사회교육으로, 여론 매스미디어 등을 통한 교육을 대표적으로 들을 수 있다.

교육의 분야에서도 가정에서와 마찬가지로 왜곡되고 타락한 문화로 인하여 끝없이 추락하고 있는 것이 오늘의 현실이다. 오직 나와 내가 속한 곳만의 성공을 위하여 정치 지도자, 종교 지도자, 교사, 학생, 부모 할 것 없이 요란한 소리를 내고 있다.
이 모든 현상은 하나님의 창조의 목적에서 벗어나 타락한 인간이 하나님과 영적인 교제를 할 수 없는 죽은 영혼이 되어, 사탄이 지배하는 세상의 노예로 전락하여 살아가기 때문이다.

아담 이후의 모든 사람은 태어나면서 부터 죄로 물든 육신을 입고 태어난다. 이기심과 탐심과 시기와 미움과 분노와 음란 등 죄로 물든 부모로

부터 태어나 어린 시절을 부모의 절대적인 영향을 받으며 자라난다.
많은 부모들이 태교에 신경을 쓰고 똑똑하고 건강한 아이를 갖고 키우기 위하여 할 수 있는 모든 방법을 동원하여 정성을 쏟는다. 이 얼마나 아름다운 일인가! 하지만 왜곡되고 하나님을 알 수 없는 혼탁한 인간 문화 속에서 사랑하는 자녀를 올바르게 키운다는 것은 거의 불가능하다.

나라마다 가정교육 문화가 다르겠지만 한국의 경우 태어나기 전부터 치열한 경쟁이 시작된다. 내 자녀가 남보다 뒤쳐지는 것을 안타까워하고 가슴아파한다.
나중에 어른이 되면 좋은 신랑, 신부를 만나서 명예와 부와 힘을 누리며 살아가기를 바란다. 그것을 얻으면 성공이요 남으로부터 부러운 대상이 되고 멸시와 천대를 받지 않아도 되기 때문이다.
이러한 현상은 부와 명예와 권력을 누리고 있는 가정일수록 더 치열할 것이다. 빈곤층은 삶에 지쳐 그런 경쟁에 끼어들 기력조차 없다.
이러한 사회적 분위기는 빈곤의 악순환, 환경의 악순환을 낳는다. 부유하고 비교적 평화로운 집안에서 교육을 잘 받은 자녀들은 겉으로 보면 말쑥하고 세련되어 보인다. 그들은 자라오면서 수없이 경쟁에서 이기며 자라온 자들이 대부분 이다. 하지만 깨어진 가정, 미혼모, 전쟁고아, 이혼고아, 계모, 계부 그리고 빈곤과 마약과 술등 각종 중독 등으로 일그러진 가정에서 자라나는 아이들이 있다.

어떤 환경에서 태어나 자라든지 세상을 향한 욕구로 가득 찬 부모 아래서 자라난 어린 아이들의 정서가 온전할 리가 없다.
경쟁력이 강한 자녀, 똑똑한 우등생 자녀 만들기에 열의를 다하는 부모

밑에서 어려서부터 훈련 받으며 자라나는 아이들,
TV 잡지 스마트폰 각종게임 등 타락한 문화에 쉽게 노출 되어있는 어린 아이들, 맞벌이 엄마 아빠를 기다리며 혼자 지내는 가엾은 아이들,
학교수업도 지루한데 끝나자마자 각종 학원을 돌며 에너지를 소진하고 지내는 가엾은 청소년들,
깨어진 가정으로 거리를 배회하는 아이들, 엄마 아빠가 누구인지도 모르며 거리를 헤매는 불쌍한 아이들

나의 어린 시절에, 컴퓨터는 물론 없었다. TV나 전화도 동네마다 부잣집 몇 집만 갖고 있어서 레슬링, 권투 등 빅게임이 있을 때면 동네 사람들이 다 같이 모여 열광하며 보고 헤어졌다.
수업이 끝나면 운동장에서 축구나 철봉에 매달려 놀다가 집에 온다. 동네에 친구들이 많아 숙제가 끝난 후 모여서 술래잡기, 자치기, 돌까기, 구슬치기, 땅 따먹기 등을 어울려 즐기었다. 가을이면 집에서 조금 떨어진 곳으로 친구들과 산책을 나가 논과 밭 그리고 들의 메뚜기와 곤충들 그리고 개구리를 잡아서 놀기도 하고, 구워 먹기도 하였다. 가끔씩 산에 올라가 활을 만들고 이곳저곳을 뛰어다니며 병정놀이를 하곤 하였다.
집에서 휴대폰 등 기기들과 홀로 노는 요즘 아이들에게는 생소한 풍경이다.

하나님은 사람을 원래 겸손하고, 온유하고, 오래참고, 사랑이 많은 자로, 나보다 남을 더 아끼고 사랑하는 자로, 섬김을 받는 자가 아니라 섬기는 자로 만드셨다. 그리고 그가 삶을 통하여 창조주 하나님의 영광을 위하여 살아가도록 지으셨다.

아담의 불순종으로 죄 없는 인간에게 죄가 들어오면서 인간은 하나님과의 관계가 단절된다. 하나님을 사랑하며 갈급함으로 찾고 기도하며 하나님을 경배하고 찬양하는 것이 아니라 하나님으로 부터 숨고 멀어지려고 한다.

사탄이 바라는 것은 사람들이 하나님과 원수진 관계가 되어 고통과 멸망의 늪에 빠져 허우적대는 것이다.

창조주 하나님과 단절된 관계로는 하나님을 알 수도 볼 수도 없다. 그들의 마음이 육신의 정욕과 세상이 주는 일시적 쾌락에 빠져 곤고하고 허탄한 삶속에 지내는 것이다. 끊임없이 세상 것을 취하여 위로 받으려 한다. 세상에서 더 많은 부와 권력을 탐하고 더 좋은 차, 좋은 일터, 학교, 집, 더 멋진 배우자등 모든 것에서 남보다 돋보이려고 애를 쓴다. 하지만 이것 역시 일시적 우월감으로 만족감을 얻지만 허망하고 허전한 마음이 여전히 나를 슬프게 하고 공허함에 빠지게 한다.
공허함을 달래기 위하여 여행도 하고 술도 마시고 취미생활도 해 보지만 일시적 즐거움과 위로를 얻을 뿐이다. 자꾸만 더 자극적이고 오감을 자극하는 일에 빠져들게 된다. 중독이 되는 것이다.

사탄이 지배하는 이세상의 것들로 채우고 또 채워도 만족을 얻지 못하고 깊은 좌절과 방황에서 허우적대며 망가지는 이유는 분명히 있다. 이것은 사람이 원래의 창조목적대로 살지 못하고 엉뚱한 것에 매달려 살아가기 때문이다.
쉬운 예를 들자면 바다의 물고기가 민물에 있다든지 민물고기가 바다에 있든지 집에서 키우는 애완견이 맹수들이 우글거리는 깊은 산속을 헤매는 것이나 다를 바가 없다.

> 전 1:2,8,14,18 2:11,23,24

2 : 전도자가 이르되 헛되고 헛되며 헛되고 헛되니 모든 것이 헛되도다 8 : 모든 만물이 피곤하다는 것을 사람이 말로 다 말할 수는 없나니 눈은 보아도 족함이 없고 귀는 들어도 가득 차지 아니하도다 14 : 내가 해 아래에서 행하는 모든 일을 보았노라 보라 모두 다 헛되어 바람을 잡으려는 것이로다 18 : 지혜가 많으면 번뇌도 많으니 지식을 더하는 자는 근심을 더하느니라
2 : 11 그 후에 내가 생각해 본즉 내 손으로 한 모든 일과 내가 수고한 모든 것이 다 헛되어 바람을 잡는 것이며 해 아래에서 무익한 것이로다 23 : 일평생에 근심하며 수고하는 것이 슬픔뿐이라 그의 마음이 밤에도 쉬지 못하나니 이것도 헛되도다 24 : 사람이 먹고 마시며 수고하는 것보다 그의 마음을 더 기쁘게 하는 것은 없나니 내가 이것도 본즉 하나님의 손에서 나오는 것이로다

이스라엘의 왕으로 온갖 부귀와 영화를 다 누렸던 솔로몬의 고백이다. 하나님께서 함께하시지 않는 우리들의 삶은 아무런 의미가 없음을 노래하고 있다. 이세상의 것들로 인생의 목표를 삼으면 우리 앞에는 절망과 좌절 밖에는 바랄게 없음을 이야기하고 있다.
이러한 삶이 하나님을 알 수 없어 하나님의 뜻대로 살아가지 못하는 영적인 베일에 가려진 삶인 것이다.

롬 1:24-32

그러므로 하나님께서 그들을 마음의 정욕대로 더러움에 내버려 두사 그들의 몸을 서로 욕되게 하게 하셨으니 이는 그들이 하나님의 진리를 거짓 것으로 바꾸어 피조물을 조물주보다 더 경배하고 섬김이라 주는 곧 영원히 찬송할 이시로다 아멘 이 때문에 하나님께서 그들을 부끄러운 욕심에 내버려 두셨으니 곧 그들의 여자들도 순리대로 쓸 것을 바꾸어 역리로 쓰며 그와 같이 남자들도 순리대로 여자 쓰기를 버리고 서로 향하여 음욕이 불 일듯 하매 남자가 남자와 더불어 부끄러운 일을 행하여 그들의 그릇됨에 상당한 보응을 그들 자신이 받았느니라 또한 그들이 마음에 하나님 두기를 싫어하매 하나님께서 그들을 그 상실한 마음대로 내버려 두사 합당하지 못한 일을 하게 하셨으니 곧 모든 불의, 추악, 탐욕, 악의가 가득한 자요 시기, 살인, 분쟁, 사기, 악독이 가득한 자요 수군수군하는 자요 비방하는 자요 하나님께서 미워하시는 자요 능욕하는 자요 교만한 자요 자랑하는 자요 악을 도모하는 자요 부모를 거역하는 자요 우매한 자요 배약하는 자요 무정한 자요 무자비한 자라 그들이 이같은 일을 행하는 자는 사형에 해당한다고 하나님께서 정하심을 알고도 자기들만 행할 뿐 아니라 또한 그런 일을 행하는 자들을 옳다 하느니라

하나님을 알 수 없어서 하나님의 말씀에 불순종하여 타락한 인간의 어리석음을 말씀하고 있다. 스스로 지혜 있다고 생각하지만 우둔하여 조물주보다 피조물을 더 경배하고 섬기는 어리석음인 것이다.

> **잠 9:10**

여호와를 경외하는 것이 지혜의 근본이요 거룩하신 자를 아는 것이 명철이니라

> **요 17:3**

영생은 곧 유일하신 참 하나님과 그가 보내신 자 예수 그리스도를 아는 것이니이다

이들 말씀에서와 같이 죄로 물든 타락한 인간은 조물주의 존재를 알 수가 없다. 영이 죽어 있으므로 영이신 하나님을 볼 수도 느낄 수도 이해할 수 도 없다. 이것이야말로 인간이 갖고 있는 문제 중에 가장 큰 문제이다.

우리는 여기에서 올바른 교육의 해법을 찾을 수 있다.
다름 아닌 창조주 하나님을 알아가는 것이다. 이것은 다시 말해서 하나님께서 우리를 하나님의 형상대로 창조하신 원래의 모습으로 회복되는 것이다. 세상에 몰입하던 우리들의 마음이 하나님을 향하여 하나님을 사랑하며 그분의 말씀에 따라 삶을 살아가는 것이다. 이러한 삶은 하나님 아버지의 기쁨이 되며 영광이 된다.

하나님을 알아가는 교육은 사람이 원래의 창조된 모습으로 살아갈 수 있도록 돕는다. 부패한 세상에 내버려지는 일을 막기 위하여 태어나면서 부터 영적으로나 도덕적으로 하나님의 은혜를 구하며 어린 영혼들을 악과 어두움의 세계로부터 구해야 한다.

유아기에서부터 기독교 교육은 매우 중요하다. 살아계신 하나님 아버지를 말씀을 통하여 알아가도록 가르치는 일이 무엇보다도 중요하다. 어릴 때부터 성령님의 도우심으로 하나님께서 누구시고 나는 누구인가를 알려주어야 한다.

하나님께서 나를 만드시고 이 땅에 보내셨음을 믿으며 하나님께서 주신 달란트를 깨달아 그것을 키우고 예수 그리스도 안에서 훈련받고 단련하여 그분의 목적대로 살아가는 것이 최선의 삶이다. 이 삶이 창조주 하나님을 찬양하며 영원한 생명을 누리며 살아가게 되는 유일한 길이기 때문이다.

다시 말하면, 삼위일체 하나님(성부 하나님, 성자 하나님, 성령 하나님)을 중심에 두고 하나님께서 영으로 주신 말씀을 기초로 하여 성령의 인도하심으로 학생들을 가르치고 훈련하여 사회에 내보내야 한다. 나의 삶의 중심에 하나님께서 계시면 우리는 세상의 어두움과 죄와 대적하여 승리의 삶을 살아갈 수 있다.

육신의 몸으로 이 땅에 오신 예수 그리스도는 그분의 삶을 통하여 하나님의 형상을 우리에게 보여 주셨다. 성령님의 도우심에 의지하여 예수님을 닮아가는 어린이와 청소년으로 인도하는 교육은 영적인 장애를 벗어버릴 수 있는 길이 된다.

이를 담당하는 교사는 당연히 성령의 충만한 은혜를 받은 자가 하여야 한다. 주님의 생명으로 거듭난 자에게 맡겨져야 하는 것이다. 말씀을 영적으로 깨우치지 못하는 교사의 가르침은 매우 위험하다. 하나님을 알 수 없는 엉뚱한 먼 곳으로 끌고 나아갈 수 있기 때문이다.

> 요 14:26

보혜사 곧 아버지께서 내 이름으로 보내실 성령 그가 너희에게 모든 것을 가르치고 내가 너희에게 말한 모든 것을 생각나게 하리라

성령 하나님은 예수그리스도를 믿는 믿음 안에 있는 자들 안에 내주하시며 도우신다. 믿음이 있는 자들은 성령님의 도우심으로 예수그리스도를 믿는 믿음을 갖게 되며 이들이 말씀을 읽거나 들을 때 영이신 하나님의 말씀을 깨달으며 믿음으로 받게 된다.
예수 그리스도를 나의 구주로 믿게 되는 일이 얼마나 큰 축복이고 영광스러운 것인지 더 이상의 설명이 필요 없다. 크리스천은 창조주 하나님으로 부터 받은 본성을 회복하여 하늘이 주는 평안으로 이 땅에서부터 천국의 삶을 살아가게 된다.

> 요 4:14

내가 주는 물을 마시는 자는 영원히 목마르지 아니하리니 내가 주는 물은 그 속에서 영생하도록 솟아나는 샘물이 되리라

> 요 14:27

평안을 너희에게 끼치노니 곧 나의 평안을 너희에게 주노라 내가 너희에게 주는 것은 세상이 주는 것과 같지 아니하니라 너희는 마음에 근심하지도 말고 두려워하지도 말라

예수 그리스도를 믿음으로 말미암아 크리스천이 된 자들은 영의 눈이 떠어져 하나님의 존재를 알게 된다. 하나님은 영이시기 때문에 영으로 그분의 존재를 알게 된다.

이것 역시 오직 하나님의 은혜로만 가능하다. 하나님의 은혜 없이 수십 년간 인간적 노력을 할지라도 하나님께서 만나주시지 않으면 하나님을 알 수도 볼 수도 없다.

하나님의 자녀들은 말씀을 통하여 기도를 통하여 그리고 성령의 도우심으로 하나님께서 주시는 생명수를 공급받게 된다. 이 물은 영생하도록 솟아나는 샘물이며 영원히 목마르지 아니하므로 세상으로부터 얻을 수 없었던 마음의 평화를 누리게 되며 나를 억누르던 근심과 두려움 슬픔과 죄로부터 해방되어 자유를 누리게 되는 것이다.
이것이 예수 그리스도의 십자가 보혈로 거듭난 자의 축복의 삶이다. 크리스천들은 세상으로 부터 미움의 대상이 되며 핍박을 받기도 한다.
이는 타락한 세상과 하나님의 나라가 공존할 수 없기 때문이다.

요 15:19

너희가 세상에 속하였으면 세상이 자기의 것을 사랑할 것이나 너희는 세상에 속한 자가 아니요 도리어 내가 너희를 세상에서 택하였기 때문에 세상이 너희를 미워하느니라

갈 5:17

육체의 소욕은 성령을 거스르고 성령은 육체를 거스르나니 이 둘이 서로 대적함으로 너희가 원하는 것을 하지 못하게 하려 함이니라

기독교 교육에도 가정교육, 주일학교, 학교교육, 사회교육 등이 있다. 이 중에서 가장 영향력을 많이 끼치는 것은 당연히 가정교육이다. 인간성은 유전과 환경의 영향을 많이 받게 된다. 여기에서 환경은 후천적인 것으로 감수성이 예민한 어린 시절의 인격형성에 매우 중요한 요소이다. 이 시절에 가정에서 하나님의 말씀인 성경을 가르치는 것은 최선을 다해야 할 중요한 것이다. 미국의 독립전쟁 전 청교도들의 가정교육 에서는 성경을 통한 교육, 삶을 통한 교육이 주를 이루었다고 한다. 성경은 그들이 고난 속에서도 위로를 받으며 이겨낼 수 있는 소중한 책 이었으며 그러한 생활환경에서 자란 어린 아이들의 마음에 그 말씀이 큰 감동으로 자리 잡게 되었을 것이다.

그런데 지금은 어떠한가? 오늘날에는 청교도 정신을 바탕으로 세워진 미국에서 조차 가정에서 성경을 가르치는 것이 희귀한 일이 되었고 신앙을 가진 선생님들과 부모님들까지도 이를 등한히 하고 있다고 한다. 이제는 기독교인들이 핍박을 받는 일들이 이곳 미국에서도 일어나고 있다. 세계 도처에서 기독교인들이 핍박과 억압 속에 죽어가고 있다. 이러한 순교자의 증가는 적그리스도의 세력이 확장 되어 감을 말하여 준다.

이 어두움의 세력들은 예수 그리스도의 영을 두려워하며 증오한다. 어두움이 빛을 싫어하는 이치이다. 주님 다시오실 때까지 우리는 이 어두움의 시간을 잘 견디어야 한다. 주님 가신 십자가의 그길을 따라 주님의 영광을 위하여 나의 삶을 드려야 한다.

🎵 주님 다시 오실 때까지(CCM 가사)

주님 다시 오실 때까지 나는 이 길을 가리라
좁은 문 좁은 길 나의 십자가지고
나의 가는 이 길 끝에서 나는 주님을 보리라
영광의 내 주님 나를 맞아 주시리

주님 다시 오실 때까지 나는 일어나 달려 가리라
주의 영광 온 땅 덮을 때 나는 일어나 노래하리
내 사모하는 주님 온 세상 구주시라
내 사모하는 주님 영광의 왕이시라

내 사모하는 주님 온 세상 구주시라
내 사모하는 주님 영광의 왕이시라

〈고형원 전도사〉

하나님을 등지는 사회는 부패하고 타락하여 이로인한 수많은 문제들이 발생한다. 오늘날, 이 세상은 사방 천지가 부도덕과 방종과 이기심으로 가득차 있기 때문에 어린 영혼들이나 어른들이나 쉴만한 곳이 없다.
성적 욕망과 타락의 한 부류인 동성애마저 어린이들이 다니는 학교에서 자연스러운 것으로 묵인하고 설명하고 있는 것이 현실이다. 아이들의 최 측근인 부모들마저 개인주의에 물들어 어린이들을 소홀히 하며 그들의 탐욕을 채우기에 몰입하는 자들도 있다.

요즈음의 고아원에는 부모가 살아있으나 이혼으로 버려진 아이들이 적지 않다고 한다. 아이들은 부모를 거울삼아 닮아가고 자라난다. 개인 문화는 대물림이 된다.

세상의 것을 탐욕스럽게 좇으며 채우고 또 채우기를 바라는 부모로 부터 무엇을 배울 수 있을까? 틈만 나면 남편과 아내를 원망하며 흉을 보는 부모로부터 무엇을 얻을 수 있는가? 사치와 향락을 좇아 육신의 아름다움을 가꾸기에 바쁜 엄마에게서 아이들은 무엇을 배우며 자라는가?
나만 잘 되면 세상만사가 다 편안하게 되는 것처럼 아이들을 다그치고 훈련하는 엄마로부터 가정교육을 받은 아이가 이 세상에서 어떻게 조화롭게 살아갈 수 있겠는가? 나를 하나님의 형상으로 지으시고 이 땅에 보내신 하나님의 존재를 어찌 알아갈 수 있겠는가?

아버지들 역시 세상에서 살아남기 위하여, 낙오되지 않기 위하여 치열하게 세상을 살아간다.
음주 문화, 타락한 성문화에 노출되어있는 아버지들,
남을 짓누르고 일어나야 오래 견딜 수 있는 사회에 익숙한 아버지들,
엄마를 무시하고 가정에서 군림하는 독선적인 아버지들에게서 아이들은 무의식속에 소리 없이 닮아가며 성장하고 있다.
대수롭지 않은 일로 다투며 가정을 암흑으로 만들어가는 부모들, 어려운 부부생활을 이겨내지 못하고 이혼이나 별거를 택하는 부모들, 남편과 아내 이외의 이성과 만나 즐기기를 원하는 부도덕하고 타락한 부모들 아래서 자녀들은 마음 한구석이 허물어져가며 성장하고 있다.

지금의 세상은 너무나 타락하고 부패하여 어디에 손을 대야 할지를 알 수 없을 지경이다. 정말로 성경에서 계시된 지구의 종말이 시작된 것 같이 세상은 어지럽고 아수라장이다.

정치 지도자로부터 종교지도자 조직폭력 각종 단체 개인할 것 없이 자신의 이익을 찾고 구하고 지키고 확장하기에 혈안이 되어있다. 이를 위하여 사람을 죽이고 살리는일에 사람들이 더이상 놀라지 않는다.

> 마 24:4-8

예수께서 대답하여 이르시되 너희가 사람의 미혹을 받지 않도록 주의하라 많은 사람이 내 이름으로 와서 이르되 나는 그리스도라 하여 많은 사람을 미혹하리라 난리와 난리 소문을 듣겠으나 너희는 삼가 두려워하지 말라 이런 일이 있어야 하되 아직 끝은 아니라 민족이 민족을, 나라가 나라를 대적하여 일어나겠고 곳곳에 기근과 지진이 있으리니 이 모든 것은 재난의 시작이니라

이러한 마지막 때에 생명의 길을 찾는 일은 매우 중요하며 이 길은 하나님을 알 수 없는 영적장애로 부터 벗어나는 일 뿐이다. 세상의 노예가 되어 죄의 멍에를 대물림하며 살아가는 죽은 자의 삶에서 벗어나서 나를 이 땅에 보내신 창조주 하나님을 영적으로 인식함으로 살아 있는 자의 삶으로 바뀌어 지는 것이 유일한 생명의 길이다.

내가 하나님의 생명으로 다시 태어나면 변화된 나로 인하여 나의 가정과 이웃이 변화되기 시작한다. 예수그리스도의 빛과 사랑이 가득한 천국으로 변화되는 것이다.

내가 변해야 우리를 창조 하시고 이 땅에 보내신
하나님 아버지의 뜻대로 자녀들을 양육할 수 있게 된다.
하나님의 형상을 닮은 축복받은 자녀로..
하나님을 알 수 없는 영적인 장애가 없는 자녀로

분노의 문제

이 세상에 화가 없는 사람은 없다. 화는 나를 보이지 않는 굴레에 묶어 두며 많은 위험과 문제들을 몰고 다닌다.

나의 경우 언제 화가 났었는지 회상해보자. 어릴 적이었다. 학교에서 집으로 돌아가 배는 고픈데 먹을 것이 준비 안 되어 허기진 욕구를 바로 채우지 못할 때 화가 났었던 것 같다. 구슬치기를 하거나 홀짝을 하여 구슬을 땄을 때는 기쁨이 충만해 졌지만 잃었을 때는 슬픔과 함께 화가 났었다.

내가 감당할 만한 상대가 나를 괴롭혔을 때 화가 충천하여 대항을 하였지만 매우 위협적인 상황이 다가서면 화보다 두려움이 앞섰다.

청소년 시절에는 강자가 약자를 괴롭히는 현장을 보거나 신문기사나 영화를 보았을 때 화가 났고, 권력을 가진 자가 힘없는 자를 멸시하고 괴롭힐 때 화가 났다.

세계 도처에 전쟁이 일어나 많은 사람들이 죽고 다치고, 이산가족이고 특히 여성과 어린이들의 인권이 유린되고 짓밟히는 상황이 너무 화가 났고, 나의 기분이 상하게 될 때 쉽게 화를 내곤 하였다.

생각해 보면 참을성과 분노를 조절하는 기능이 매우 약하였던 것 같다. 고등학생 시절이었다. 큰누님이 나에게 차분하게 타일러 주셨다. '쫑아야, 이야기 할 때 마음에 화가 있는 상태로 말하는 것보다 화를 다스리고 마음의 평화를 유지하며 대화하는 것이 너에게 유익하며 참 중요한 것이야' 라고. 막내 동생을 극진히 사랑해 주신 큰누님의 고마운 충고의 말씀이었다.

청소년기에는 '누가 나를 건드리기만 해봐라' 하는 겁이 없고 험한 마음을 품고 다녔다. 나를 건드린 사람이 없어서 얼마나 다행한 일인지.. 나의 성품은 법 없이도 살 수 있을 만큼 성실하고 정직한 외유내강 이다. 이러한 모범생의 마음에 화와 독이 도사리고 있는 것이다.

나와 이웃을 비교하며 우월감으로 우쭐하기도 하지만 하나님 보시기에는 다 도토리 키 재기이다. 사람은 누구나 하나님의 형상으로 지어졌지만 아담의 불순종으로 인하여 하나님과의 관계가 단절되어 죄로 인한 형벌과, 아픔과, 좌절과, 분노와, 증오와, 슬픔들을 지니고 사는 것이다.

군에 입대하기 전 몇 년은 나의 일생 중 가장 어두운 시기이었다. 모범생으로 장래가 훤히 보이는 듯한 시절이 있었는데 고2 여름, 나의 생일날 오랜 투병으로 고생하시던 어머니는 식구들이 아침식사를 마친 후 혼수상태에서 한번 깨어나시고는 한여름 장맛비와 함께 눈을 제대로 못 감으신 채로 숨을 거두시었다. 아마도 아직 미혼인 두 딸과 이미 방황의 회오리에 휩싸인 둘째 아들과 막내인 나를 두고 가시기가 많이 힘이 드셨나보다.

이듬해 봄에, 아버지는 재혼을 하셨고 새어머니가 들어오셨다. 작은형의 방황은 더욱 깊어져 갔고 감수성이 예민한 성격의 나도 방황의 회오리로 서서히 빠져 들어갔다. 이미 결혼한 세 누님들도, 그리고 어머니 없이 시집간 두 누님들도 많은 설움과 슬픔으로 어머니에 대한 그리움이 컸을 것이다.

 고교 3학년 때부터 일그러지기 시작한 성적이 눈에 띠게 떨어졌다. 재수, 삼수, 사수, 오수의 길에 접어들 쯤에 군에 입대하였다. 말이 삼수 사수이지 공부와는 담을 쌓은 지 오래 되었다. 재수시절 집을 떠나 신촌의 모 사설도서관에서 잠을 자며 2년을 지냈고 그 후에, 큰형님이 미국에 이민 갈 때 방 하나 세주고 간 집에서 홀로 생활 하였다.

원래 집안일에 관심이 없던 나로서는 집 관리를 제대로 하지 않아 깨진 유리창이 그대로 있는 방까지 신발을 신고 들어가 이부자리 옆에 벗어두고 자곤 하였다. 그 깨어진 유리창이 나의 찢겨져 가는 마음을 대변하고 있는 듯하였다.

대학에 진학한 친구들을 하루가 멀다 하고 번갈아 불러댔다. 나의 주 생활무대는 당구장과 볼링장, 술집, 그리고 젊은이 들이 많이 모이는 무교동 낙지골목과 명동의 골목길 이었고 자유분방하게 젊음을 발산하고 다녔다.

틈틈이 기차로 전국을 돌며 홀로 여행하였으며 기차 안에서 만난 사람들과 이 말, 저 말을 하며 세상을 알아가게 되었다. 이 시절에, 나의 심성은 거칠어져만 갔고 야수처럼 변해가고 있었다. 내가 생각해도 살벌한 분위기의 전투적인 삶을, 문란하고 방탕한 삶을 그렇게 살아갔다.

일그러진 나의 삶은 나의 마음과 영혼을 무너뜨렸고 내가 생각해도 나의 본 모습으로부터 너무 멀리 떨어져 나와 있었다. 이러한 나를 안타깝게 바라보시는 아버지는 나에게 시골에 가서 목축업을 해보든지 과수원을 하든지 하라고 권하셨고, 신학대학에 입학하여 하나님의 인도하심을 받는 전도자가 되기를 원하셨다. 아버지도 한때 목회를 하셨던 목사님이셨고 기독교 학교를 운영하셨다.

이 시기에 화가 많이 쌓인 것 같다. 친구들과 비교하여 사회적으로 점점 달라지는 나의 모습에 화가 났고 변해가는 나의 몰골과 처지에 화가 났다. 한 달에 한번 집에 가면(학원비 등 용돈을 타기 위하여) 새어머니의 냉대와 냉소로 마음이 상하여 허전한 마음으로 며칠씩 방황하며 유흥가를 떠돌아 다니며 달래곤 하였다.

돈이 떨어지면 당구장에서 담배와 짜장면 내기를 하여 허기를 해결 하였다. 섬세하고 침착한 성품으로 당구는 동네에서는 상대자가 없을 정도로 솜씨 있게 잘 쳤다. 화가 많아서 당구장에서도 가끔 시끄러운 일이 벌어지기도 하였는데 별탈이 없이 순간들을 넘어가도록 하나님께서 그 와중에도 보호해 주셨던 것 같다. 패거리들과 싸움이 붙으면 백전백패에 엄청 다쳤을 테니.

그 시절에도 화만 없으면 친절하고 상냥하고 예의바른 나의 본래 모습이 있었다. 본시 외유내강이 나의 성품이다. 약한 자에게는 한없이 약하고 강한 자에게는 한없이 강하였다.

어둡고 칙칙했던 방황의 세월을 지나고 육군 병장으로 제대할 무렵이 되니 나의 미래가 걱정과 근심으로 다가왔다. 곰곰이 생각하여도 내가 살아갈 길은 많이 늦었지만 공부밖에 없는 듯하였다.
군 제대 후 전문대학에 진학하여 마음을 다잡아 4년제 대학으로 편입학 하였고 졸업 후에, 10대 대기업 중 한곳에 입사함으로써 늦었지만 사회적으로 커다란 회복을 시도하고 있었다.
이때 얻은 소중한 교훈이 있다.
사람은 누구나 처지와 환경에 따라 어떤 상황으로도 갈 수 있는 것이로구나! 원래 잘난 사람, 못난 사람이 없는 것이구나.

어둡고 외로운 방황의 세월을 빨리 마감하려고 대학졸업 후 직장을 구하자마자 결혼을 하였다. 나에게는 여자들이 비교적 잔소리와 참견하는 마음을 많이 갖고 있다는 생각이 있었다. 나는 잔소리에 특히 민감하여 잘 견디지를 못한다. 이로 인하여 잔소리를 듣지 않으려고 방어를 많이 하며 피곤하게 살아가는 성격을 갖고 있다.
결혼은 하고 싶었지만 잔소리하고 참견하는 여자와 평생을 같이 할 용기가 나질 않았다. 대학시절 친구의 소개로 만난 지금의 사랑하는 아내와 교제하던 중 '나는 결혼생활에 자신이 없는 사람이다' 라는 말을 듣고 울던 아내의 모습이 떠 올려 진다.

교제를 하며 아내의 성품을 알아감에 따라 내가 편안하게 같이 살 수 있을 거라는 믿음을 갖게 되었다. 아내는 성품이 온화하고, 나서는 성격이 아니다. 지금도 그렇지만 순종하는 성격이며 자신을 잘 내세우지 않는 겸손한 성품을 갖고 있다. 나 같은 사람도 결혼하여 자식 낳아 정상적인 결혼생활을 할 수 있도록 하나님께서 보내주신 소중한 선물이다.
하지만 내가 아내를 하나님의 소중한 선물로 깨우치는 데는 수많은 세월이 흘러야 했다. 나의 날카롭고 까칠한 성품은 팔팔하게 살아 있어서 내 마음에 안 드는 아내의 생각을 책잡으며 마음을 아프게 한 적이 한두 번이 아니다. 화로 충만해진 나의 성품은 이따금씩 불같이 퍼부어 대기도 하였다.

첫아이가 아기였을 때 서울 인근에 조그만 아파트를 장만하여 살고 있을 때였다. 자동차로 출근길에 1시간 30분가량 소요되던 때이다. 평소보다 좀 일찍 퇴근하여 집에 갔는데 아내는 없고 문은 잠겨있었다. 화가 솟구쳤다. 근처에서 쇠파이프를 구하였다. 아파트 잠금장치를 파이프로 두둘겨 부수고서 들어갔다. 조금 후에, 아이를 업은 아내가 돌아왔다. 이웃에 있는 친구집에 다녀온 것이다. 들어오면서 출입문 잠금장치가 부서진 것을 보았나 보다.

당신이 늦게 오는 줄 알고 친구 집에 다녀오느라 늦었다고, 미안하다고 얘기 한다. 그런 아내를 보자마자 나는 사정없이 화를 쏟아낸다. 아내는 얼마나 당혹스러웠으며 엄마 등에 있던 딸 아이는 얼마나 공포 분위기에 휩싸여 있었을까?!

다음날, 아침에 출근하며 보니 예상대로 아내의 편지가 양복 안주머니에 넣어져 있었다. 내가 화를 낼 때마다 너무나 힘들다고 하면서도 나를 화나게 하여 미안하다는 말을 곁들였다. 어떤 때는 내가 왜 화를 냈는지 아무리 생각해도 잘 모르겠어서 너무나 당황스럽다는 편지를 받아보기도 하였다.

참을성 많은 착한 아내 덕분에 이혼당하지 않고 여태 아내의 덕을 보며 살아가고 있다. 이러한 일을 되풀이하며 내가 주님을 만나 변화되기까지 거의 30년 가까이 나와 살아준 것이다. 나의 가정을 지켜주고 아이들을 잘 키워준 고마운 아내가 고맙다.
우리 가정을 지켜주신 하나님께 감사드린다.

화는 순간을 넘겨야 한다. 화로 인하여 온갖 사고가 일어난다. 조울증으로 인한 사고 우발적인 폭행과 살인 방화 이런 것들이 순간적인 화를 감당치 못하여 일어나는 것이 아닌가? 실로 어이없는 일들이다.

> 갈 5:19-21

육체의 일은 분명하니 곧 음행과 더러운 것과 호색과 우상 숭배와 주술과 원수 맺는 것과 분쟁과 시기와 분냄과 당 짓는 것과 분열함과 이단과 투기와 술 취함과 방탕함과 또 그와 같은 것들이라 전에 너희에게 경계한 것 같이 경계하노니 이런 일을 하는 자들은 하나님의 나라를 유업으로 받지 못할 것이요

> 갈 5:16

내가 이르노니 너희는 성령을 따라 행하라 그리하면 육체의 욕심을 이루지 아니하리라

성령을 따라 행하면 육체의 욕심을 이루지 아니한다는 말씀이다. 육체의 소욕은 성령을 거스르고 성령의 소욕은 육체를 거스른다. 이 둘은 서로 대적하는 관계로 공존하지 못한다. 육체의 소욕, 다시 말해서 육체의 정욕과 세상의 것에 마음을 빼앗긴 자들은 그리스도의 영이 그들에게 없어 성령의 인도함을 따를 수 없게 된다.

하나님은 거룩하시고 빛이시기 때문에 빛으로 어두움을 물리치시나 어

두움에 거하는 자들은 하나님을 볼 수 없는 영적인 장애로 인하여 그 빛을 알 수도 느낄 수도 없다.

우리는 예수 그리스도를 나의 구주로 믿고 받은 성령의 인도하심을 따라 살아가야 한다. 이를 위하여 기도와 말씀묵상을 통하여 육신의 연약함을 극복해 나아갈 때 우리는 분노의 영도 물리치게 되며 주님의 사랑을 나타내는 하나님의 자녀로 살아가게 된다.

성령은 어떻게 일하시게 되는가?
아담 이후 죄가 들어온 온 인류를 죄악에서 구원하시기 위하여 하나님은 독생자 예수 그리스도를 육신의 몸으로 이 땅에 보내셨다. 그분은 죄가 없으신 하나님인 동시에 우리와 똑같은 인간으로 오셨다. 아픔과 슬픔의 감정도 지니고 계시다.
그분은 하나님을 볼 수 없는 우리를 위하여 고난과 핍박을 감내하시고 병들고 가난하고 눌리고 소외된 자들을 맞아주시고 그들을 치유케 하시고 회복시키시며 사랑을 베풀어 주셨다. 우리와 하나님과의 사이를 가로막고 있는 죄의 문제를 해결하시기 위하여 화목제로 오신 것이다.

화목제로 오신 그분은 치욕의 십자가의 형틀에서 피와 물을 쏟으시고 우리의 모든 죄를 대신 짊어지시고 순결한 희생양이 되어 죽으셨다. 그 후에, 사흘 만에 부활하시어 사망의 권세를 물리치시고 부활하셨다.
이 사실을 마음으로 믿어 예수 그리스도를 나의 구원자로 영접한자에게는 성령님께서 내 마음에 내주하시게 된다.
우리는 죄로 물든 육신으로 인한 연약함으로 육신의 욕심과 세상을 주관하는 사탄 마귀의 세력과 싸울 힘도, 이길 수 있는 힘도 없지만 믿는 자의 삶에는 성령님께서 그 삶을 이끌어 나가시며 나약한 나대신 싸워 주시며 승리하게 하신다.

나의 생각대로 세상을 향한 삶을 좇다가 나의 모든 죄의 짐을 예수님께 맡기고 하나님의 생명으로 살아가는 것을 거듭 태어난 삶이라고 성경에서 말씀하신다. 예수 그리스도를 믿는 믿음으로 거듭 태어난 자는 더 이상 세상을 기웃거리지 않는다. 육신의 욕심에 이끌리는 삶을 살아가지 않는다. 성령하나님의 도우심으로 어두움과 죄로부터 자유와 평화를 얻게 된다. 할렐루야!
이전의 것은 지나갔고 예수그리스도 안에서 새사람이 된 것이다.

고후 5:17
그런즉 누구든지 그리스도 안에 있으면 새로운 피조물이라 이전 것은 지나갔으니 보라 새 것이 되었도다

성령으로 거듭난 그리스도인은 육체의 소욕으로 살아가는 것 중의 하나인 '화'를 내지 않으며 성령님의 도우심으로 분노를 다스리며 살아갈 수 있게 된다.
하나님의 은혜로 새로운 생명으로 거듭 태어난 자들은 자기 영광을 구하는 것이 아니라 고통가운데 있는 한 영혼, 한 영혼에 대하여 주님의 빛과 사랑을 나누며 살아간다. 적그리스도와 거짓교사들 그리고 죄로 물든 육신을 입고 세상을 바라보며 살아가려는 나와 영적인 전투를 치루며 살아간다.

하나님의 말씀, 성경에서는 화에 대하여 어떤 말씀이 있는지 살펴보기로 한다.

엡 4:26-27
분을 내어도 죄를 짓지 말며 해가 지도록 분을 품지 말고 마귀에게 틈을 주지 말라

약 1:19-20
내 사랑하는 형제들아 너희가 알지니 사람마다 듣기는 속히 하고 말하기는 더디 하며 성내기도 더디 하라 사람이 성내는 것이 하나님의 의를 이루지 못함이라

시 37:8
분을 그치고 노를 버리며 불평하지 말라 오히려 악을 만들 뿐이라

잠 14:29
노하기를 더디 하는 자는 크게 명철하여도 마음이 조급한 자는 어리석음을 나타내느니라

잠 15:18
분을 쉽게 내는 자는 다툼을 일으켜도 노하기를 더디 하는 자는 시비를 그치게 하느니라

나를 부인하고 예수 그리스도의 십자가를 지고 예수님의 삶을 따라갈

때 우리는 모든 어두움과 분노의 문제로 부터 자유함을 얻고 그리스도인으로서 승리의 삶을 살아갈 수 있다. 내가 예수 그리스도의 십자가에 함께 죽어 그의 영으로 살아가는 삶이 그리스도인의 삶이다.

내가 죽고 예수로 살아가는 삶에는 모든 관계의 회복과 치유가 일어난다. 예수로 살아간다는 것은 하나님의 형상을 닮은 자로 살아가는 것이다. 창조의 원래 모습으로 살아가는 것이다. 죄로 인하여 하나님과 등을 지어 영이신 하나님을 볼 수 없는 영적인 장애로 부터 회복되어 하나님과 영적인 교제가 회복된 하나님의 사람으로 살아가게 된다.

내 안에 살아계시는 예수 그리스도의 사랑으로 부부사이, 부모자녀 간, 시부모와 며느리, 장인 장모와 사위의 관계가 회복된다. 직장동료와 이웃과의 관계가, 교회에서 성도들과의 관계가 회복된다. 천국의 삶이 이 땅에서도 실현된다.

이기심의 문제

막 12:30-31

네 마음을 다하고 목숨을 다하고 뜻을 다하고 힘을 다하여 주 너의 하나님을 사랑하라 하신 것이요 둘째는 이것이니 네 이웃을 네 자신과 같이 사랑하라 하신 것이라 이보다 더 큰 계명이 없느니라

예수님께서는 하나님께서 주신 계명 중에 으뜸이 되는 계명은 네 마음을 다하고 혼을 다하고 생각을 다하고 힘을 다하여 주 네 하나님을 사랑하라고 하셨다.
둘째는 네 이웃을 네 자신과 같이 사랑하라고 하셨다. 피조물인 우리가 모든 것을 다하여 조물주 하나님을 사랑하라고 하신다.

우리는 나를 위하여 살아가는 존재로 지음 받지 아니하였다. 하지만 이 세상의 사람들은 나와, 내 가족, 내 조직, 내 교회 등과 같이 '내' 가 삶의 중심에 있다. 원래의 창조목적에서 저 멀리 벗어나 창조주 하나님의 뜻을 바라볼 수 없는 장애를 지닌 피조물로 살아가고 있다. 이 세상 사람들 누구나 다소간의 장애를 지니고 살아가고 있을 것이다.

장애는 불편한 것이다. 그리고 때로는 고통스럽기도 하다.
우리가 이기심을 버리고 이타적인 삶을 살아갈 때 우리는 우리의 원래 모습을 회복하여 평안하고 기쁘고 복된 삶을 살아갈 수 있게 된다. 이 삶은 자기중심적인 삶을 벗어나 하나님 중심의 삶을 살아갈 때에 누릴 수 있는 것이다. 하나님의 창조의 목적대로 회복되어져야 하는 것이다.

이기심의 사례는 우리가 살아가고 있는 주변을 통하여 쉽게 찾아볼 수 있다. 남녀 간의 사랑도 배우자의 선택도 나의 선호와 욕구를 채우는 것이다. 상대방을 나의 것으로 만들려는 욕심이 깔려 있다.
결혼 후에는 나의 기준에 맞지 않는 배우자 나와 다른 배우자를 향하여 원망과 불평을 하며 틈이 벌어지기 시작한다. 성격이 안 맞는다고 이혼하는 것 역시 지극히 이기적인 일이 아닌가?

행복한 결혼은 나를 희생하는 것에서부터 시작이 된다. 나와는 여러 가지 면에서 다를 수밖에 없는 배우자를 책망하며 화를 내고, 이혼을 하든지, 평생 배우자에 대한 기대를 접고 남과 다를 바 없는 원수처럼 지내는 부부가 얼마나 많은가?

이들의 공통점은 '나는 문제가 없다'이다. 자녀에게 아버지인 남편의 흠을 거침없이 얘기한다. 친구와 친정에 그리고 이웃에 까지도 남편의 대한 험담을 서슴지 않는다.

남편은 아내를 자기중심적인 사고와 기준으로 비난하며 윽박지른다. 경우에 따라서는 폭행을 가한다. 서로 도와주고 안아주며 살아가도 힘든 세상을 원수가 되어 불행을 자초하고 있다. 이것이 모두 나만을 바라보며 자기본위의 삶을 살아갈 수밖에 없는 근본적인 문제를 가지고 있기 때문이다. 이기심의 문제이다.

적지 않은 부모들이 태어나면서부터 자녀들을 부모의 뜻대로 키우려 한다. 자녀들에게 부여된 재능과 개성들은 거의 무시되고 부모가 바라는 장래의 모습대로 교육시키고 훈련되어진다. 아이들이 태어난 하나님께서 주신 천성대로 하고 싶은 것을 마음껏 발휘해야 함이 정상이지만 부모의 뜻에 눌려 고단한 삶을 어려서 부터 살아가게 된다. 학교선택, 장래의 진로 결정 등을 주로 부모들이 한다.

이로 인하여 상처받고 깨어지는 자녀들이 주변에 많이 있다. 무거운 삶의 짐을 하나 더 얹고 살아가게 된다.

자녀들은 창조주 하나님께서 부모에게 위탁하신 하나님의 피조물 들이며 한 영혼, 한 영혼이 하나님께서 부여한 사명을 지니고 태어난다. 자녀들은 하나님의 뜻대로 키워져야 한다. 하나님께 맡기고 기도함으로 키워 나아가야 한다. 자녀들을 하나님의 뜻대로 키우는 가장 정확한 방법은 부모들이 하나님의 뜻대로 살아가는 것이다.

아이들은 부모들과 삶을 함께하며 좋으나 싫으나 부모들을 닮아가게 되어있다. 아이들에게 공부하라고 야단치며 부모들은 매일 늦은 시간까지 술판을 벌이고 부부간에 자주 다툼을 벌인다면 자녀들의 성장에 큰 장애 요소가 될 것이다. 이러한 것들이 부모들의 이기심에서 나오는 것이 아니고 무엇이겠는가? 자녀들을 자랑거리로 만들고 자녀들이 남보다 우월하게 되기를 바라는 이기심의 결과이다.

사람은 하나님께 대하여 예외 없이 다 죄인이다. 하나님은 사람을 그분의 영광을 위하여 살아가도록 지으셨다. 죄로 인하여 하나님과 관계가 단절된 인간은 육체의 소욕을 채우기에 바쁘고 세상의 것들을 취하고 누리는 일에 마음을 빼앗기고 있다.

친구를 사귐도 이기심이 근본이다. 내 마음에 들어야 친구가 된다. 나의 취향에 맞고 나의 생활에 즐거움을 주며 도움이 되며 성격도 잘 맞으면 좋은 친구 이다. 이 중심에도 내가 기준이 되어 있다. 나이를 들어가며 생활환경이 달라지고 여러 조건이 맞지 않으면 아주 친한 친구도 멀어지게 마련이다.

심지어는 한 배속에서 나온 형제자매도 마찬가지이다. 나의 욕구와 기준에 잘 맞는 형제자매가 좋은 것이지 부담이 되고 거추장스러운 형제자매는 귀찮고 싫어진다. 심지어 부모와 자식 간에도 질병으로 또 다른 문제가 오래 지속되면 귀찮아지고 멀리하고 싶어진다. 이 모두가 내가 중심이 되어 살아가게 되는 이기적인 삶이라 볼 수 있다.

정당과 정당, 나라와 나라, 학교와 학교, 회사와 회사가 서로 물어뜯고 할퀸다. 짓밟고 일어서서 나만 살아남으려 한다. 동료는 동료끼리 서로 시기하고 서로를 누르고 올라서기에 분주하다.
남을 짓밟고 살아남는 것을 성공이라 부른다. 남을 패배시키고 내가 당선되고 합격하는 것을 성공이라 부른다. 이렇게 하여 좋은 학교 좋은 직장 좋은 사업 그리고 권력과 부를 누리며 좋은 환경, 좋은 집, 좋은 자동차, 비싼 옷과 비싼 명품들을 지니고 누리고 세상적인 풍요와 명예와 힘을 지니면 성공적인 삶이라고 한다.

요일 2:9-11
빛 가운데 있다 하면서 그 형제를 미워하는 자는 지금까지 어둠에 있는 자요 그의 형제를 사랑하는 자는 빛 가운데 거하여 자기 속에 거리낌이 없으나 그의 형제를 미워하는 자는 어둠에 있고 또 어둠에 행하며 갈 곳을 알지 못하나니 이는 그 어둠이 그의 눈을 멀게 하였음이라

요일 2:15-17
이 세상이나 세상에 있는 것들을 사랑하지 말라 누구든지 세상을 사랑하면 아버지의 사랑이 그 안에 있지 아니하니 이는 세상에 있는 모든 것이 육신의 정욕과 안목의 정욕과 이생의 자랑이니 다 아버지께로부터 온 것이 아니요 세상으로부터 온 것이라 이 세상도, 그 정욕도 지나가되 오직 하나님의 뜻을 행하는 자는 영원히 거하느니라

> 요일 3:13-14

형제들아 세상이 너희를 미워하여도 이상히 여기지 말라 우리는 형제를 사랑함으로 사망에서 옮겨 생명으로 들어간 줄을 알거니와 사랑하지 아니하는 자는 사망에 머물러 있느니라

하나님은 사랑이시다. 하나님의 형상으로 지음 받은 우리도 사랑으로 살아가야 한다. 창조의 모습대로 살아가는 것이다. 형제를 미워하는 자는 살인하는 자니(요일 3:15)라 말씀 하신다. 사랑하지 아니하는 자는 사망 안에 거하느니라고 말씀하신다. 죄 가운데 육신의 욕심을 따라 살아가는 자의 영혼은 죽어있다 라는 말씀이다.

하나님은 세상에 있는 것들을 사랑하지 말라고 말씀하신다. 세상을 사랑하면 아버지의 사랑이 그 안에 있지 아니하니 세상에 있는 모든 것 즉 육신의 정욕과 안목의 정욕과 인생의 자랑은 아버지에게서 나지 아니하고 세상에서 나느니라고 말씀하신다.

우리는 하나님을 사랑하고 그분의 기쁨과 영광을 위하여 살아가도록 창조되어져 있다. 하나님을 사랑하며 살아갈 때, 우리는 본래의 창조 목적대로의 생명을 되찾아 육신의 욕심으로 부터 자유를 얻어 벗어나게 될 것이다. 죽은 자의 삶으로부터 벗어나 영원한 생명의 길에 들어서는 것이다.

우리의 삶이 육신의 욕심과 세상의 것을 채우기에 빠져 있으면 하나님의 나라를 볼 수 없다. 육신에 속한 삶이 하나님 앞에 죄이다. 우리는 헌법에 명시되어 있는 죄를 저지른 사람만 죄인으로 분류한다. 그렇지만 법의 심판을 받지 않으나 죄 가운데 살아가는 자가 얼마나 많은가.
하나님 보시기에는 육체의 소욕을 따라 하나님을 등지고 자기의 뜻대로 살아가는 모두가 다 죄인이며 사람마다 큰 차이가 없다.

예수님을 믿는다는 교인들 중에도 대다수의 사람들은 세상의 것과 육신의 욕심으로부터 자유롭지 못하다. 이들의 기도는 주로 나 중심의 기도이다.
자녀의 출세를 위한 기도,
사업의 번창을 위한 기도,
건강을 위한 기도 등이다.
이 땅에서 누리고 싶은 복과 부와 명예를 간절히 구한다. 교회에 나가는 것도 이 땅에서의 풍요와 육신의 복락을 기원하는 선상에 있다. 또한 저 세상에서의 천국의 삶을 갈망하며 구원을 갈망한다. 이러한 것은 기복신앙이며 번영신앙이다. 이땅에서의 삶이 복되고 평안하기를 바라는 무속신앙이나 여타 일반 종교들과 다를 바가 없다.

하나님의 생명으로 거듭난 하나님의 백성은 먼저 하나님의 왕국과 그분의 의를 구하며 살아가게 된다. 우리들이 이 세상에서 살아가는데 필요한 모든 것들을 다 아시는 주님께서 더하여 주신다는 것을 믿고 따르기 때문이다.
이러한 믿음으로 하나님의 왕국과 그분의 의를 구하며 살아가는 주의 백성들은 살아가면서 수없이 많은 영적인 체험을 하며 그분의 놀라운 은혜를 누리며 살아가게 된다.

> 마 6:31-33

그러므로 염려하여 이르기를 무엇을 먹을까 무엇을 마실까 무엇을 입을까 하지 말라 이는 다 이방인들이 구하는 것이라 너희 하늘 아버지께서 이 모든 것이 너희에게 있어야 할 줄을 아시느니라 그런즉 너희는 먼저 그의 나라와 그의 의를 구하라 그리하면 이 모든 것을 너희에게 더하시리라

그리스도인은 하나님 나라의 확장과 하나님의 영광을 위하여 살아간다. 더 이상 육신의 정욕과 안목의 정욕과 이생의 자랑에 관심이 없다. 예수 그리스도를 통한 죄 사함과 새로운 생명으로 부활하여 창조의 원래모습으로 회복되었음에 감격하여 예수님의 삶을 따라 살아가는 것이 유일한 소망이다.

이 삶은 성령 하나님의 도우심과 인도하심에 따라 하나님 나라의 확장을 위하여 살아가는 것이다. 하나님을 바라볼 수 있는 삶이다. 영적인 장애에서 빗이닌 자유로운 삶이다.

중독의 문제

나는 중독이나 정신적인 장애를 다루는 전문가가 아니다. 어두운 방향으로 급하게 흘러가는 사회현상들을 나누며 살아계신 하나님의 말씀을 거울로 하여 진단과 탈출구를 소개하고 살아계신 그분의 증인으로서의 역할을 하고자 이 글을 쓰고 있다.

나의 어린 시절과 학창시절 주변에서 흔히 볼 수 있었던 중독 증세들을 떠올려 본다.

담배와 술 중독은 언제나 흔하게 보았던 것 같다. 누군가가 도박중독에 걸렸다는 말도 종종 들었다. 고학년으로 올라가면서 연예인들의 대마초 사건이 심심치 않게 신문지면을 채웠다.

요즈음에는 인터넷중독, 게임중독, 마약중독, 도박중독, 섹스중독, 포르노중독, 스마트폰중독, 탐식중독, 일중독, 쇼핑중독 등이 있음을 매체들을 통하여 보고 들을 수 있다.

중독은 심각한 사회적 장애를 동반하며 본인은 물론 가족의 생활건강을 해치며 각종 범죄의 근원이 되고 있다. 물질만능의 경쟁사회로 치닫는 세상에서 정신건강은 메마르고 정서는 병들어 가고 있다. 메마르고 깨어진 황량한 마음을 달래기 위하여 각 사람의 기호에 맞게 각종 중독에 빠져가는 사람들이 많다.

사람은 혼자서는 살아갈 수없는 사회적 동물이라는 말이 있듯이 하나님은 사람들을 가족과 이웃과 사회를 형성하여 살도록 지으셨다. 어울려 살아가도록 만드셨다. 그러나 현세대는 대가족 시대에서 소가족으로 바뀌었고, 소가족에서 개인생활로 바뀌어 가고 있다.

어두움의 세력이 권세를 쥐고 있는 세상은 점점 더 인간의 본성(하나님의 형상)을 저지하고 있다. 사탄은 인간들이 예수 그리스도의 십자가보혈을 통하여 죄 사함을 받아 성령하나님의 도우심으로 성화되며 예수님을 닮아가는 것을 두려워한다. 달콤한 각종 미끼를 동원하여 육신의 정욕과 세상의 것에 매달려 살도록 유혹한다.

죄로 인하여 하나님과의 관계가 단절되어 하나님의 존재를 모르는 사람들은 죄에 물들어 있는 육신의 연약함으로 이러한 사탄의 유혹에 저항하지 못하고 빠져들게 되어 있다.

하나님의 생명으로 거듭 태어난 자들은 성령으로 충만케 되어 예수그리스도를 따라 살아가며 그분의 권능으로 사탄의 세력을 물리칠 수 있으며 승리의 삶을 살아갈 수 있기 때문에 두려워하며 이를 극력 저지하는 것이다.
이 땅에서 사는 동안에는 성령으로 충만한 거듭난 자들도 중독으로부터 온전히 자유로울 수 는 없다. 성령 하나님의 도우심을 기도로 구하고 영이신 하나님의 말씀으로 무장하여 영적인 싸움에서 이겨내고, 승리함으로 주님의 백성으로서의 삶을 지켜 나아가며 이러한 삶을 통하여 살아 계신 하나님 아버지의 영광을 위한 삶을 살아가게 된다.

얼마 전에, 비행기로 여행을 할 기회가 있었는데 공항에서도 기내에서도 직원들과 대면할 기회가 거의 없었다. 공항은 전 과정이 컴퓨터로 자동화 되어 직원이 극소수로 줄어들었다. 이러한 급속한 변화는 그 속도를 더욱 가속화 할 것이다. 지난 50년의 세월에 엄청난 변화를 몰고 왔는데 앞으로 10년이 어떻게 변화될지 알 수 없다.
인간의 두뇌로는 예측이 불가능한 시대인 것 같다. 날씨도 덩달아 급변하며 전 세계, 거의 모든 지역에서 각종 기록들을 갈아치우고 있다. 각종 지표는 부유하고 편리한 세상으로 가고 있지만 속은 썩어가며 어두움이 깊어가고 있다. 머지않아 새벽이 오는 밤이면 좋으련만 지구가 힘들어 하며 죽어가는 것이 눈에 보이는듯하다.

성경말씀 곳곳에 나타나는 종말의 현상이 구체화 되어가고 있다. 내일이 될 수도, 몇 백 년 후가 될 수 도 있지만 그것은 하나님만이 아신다. 지구 종말의 척도로 사용되는 시계에도 이제 마지막의 때가 분단위에서 초단위로 바뀌었다는 인터넷 뉴스를 보았다. 다음의 글은 인터넷신문에 실렸던 지구 종말에 관한 기사이다.

'핵전쟁의 위험을 가리키는 '지구종말의 날 시계(The Doomsday Clock)'가 종말을 뜻하는 자정 100초 전으로 앞당겨졌다. 시계 바늘이 지난해 자정 2분전에서 20초 당겨진 오후 11시 58분 20초를 가르키게 된 것이다. 이는 1947년부터 매년 발표된 '지구종말의 날 시계' 중 자정에 가장 근접한 시각이다.

CNN에 따르면, 핵과학자회보의 레이철 브론슨 회장은 23일(현지시간)미국 수도 워싱턴 내셔널프레스클럽에서 연 기자회견을 통해 올해의 '지구종말의 날 시계'를 발표하면서 "자정 100초전이다. 지구가 멸망으로부터 얼마나 가까운지를 보여주고 있다. 시간이 아니고, 분도 아니다"고 말했다. 이어 "우리는 진정으로 위기에 직면해있다"고 우려했다.'

이러한 부적합한 환경의 심화로 각종 중독과 정신질환과 장애를 경험하는 사람들이 늘어나고 있다. 이것 역시 가속화 되고 있다. 내가 살고 있는 미국의 경우에 다섯 명 중에서 한 명이 정신질환을 갖고 있거나 경험한 적이 있으며 네 가족 중에서 한 가족이 가족 중 정신질환자를 갖고 있다고 한다.

그런데 아시아 문화권에서는 여느 질병 중의 하나인 정신병을 타부시하고 숨기며 외부에 노출을 꺼리는 경우가 많다고 한다. 정신질환은 누구에게나 올 수 있는 질병중의 하나이다. 고혈압 당뇨등 기타 질병과 같이 의사의 처방과 치료가 필요한 뇌에 생긴 병이라고 한다.

숨기는 것이 능사가 아니고 가족과 도움을 받을만한 사람들을 찾아내어 회복을 향하여 나아가면 개선되고 회복된다. 의술의 도움이나 상담치료도 필요하고 영적인 도움, 성령 하나님의 만지심이 필요하다. 세상의 모든 것을 압도하고 세상의 어느 것과도 비교할 수 없는 평안을 하나님은 지니고 계시다. 전지전능하신 창조주 하나님은 말씀으로 온 우주를 창조하신 분이시다.

예수 그리스도를 마음으로 믿어 나의 구주로 영접하면 선물로 성령님께서 내 마음에 들어오신다. 성령하나님의 권능으로 모든 세상의 고통과 죄로부터 자유함을 얻고 하늘로부터 내려오는 평화가 내 마음에 넘치게 된다. 나의 마음을 독점하며 나를 괴롭히던 중독과 강박과 슬픔과 눌림으로부터 회복될 수 있는 길이 여기에 있다.

하나님은 사랑이시며 빛이시다. 하나님의 빛이 내 마음에 들어오면 그때까지 마음을 가득 채우고 괴롭히던 어두움이 떠나간다. 예수그리스도의 사랑이 나의 마음을 만지시면 살아오면서 겪은 모든 아픔과 상처와 쓴 뿌리들이 눈이 녹듯이 사라지며 나의 마음을 사랑으로 채워주신다. 용서의 기쁨과 원수도 사랑할 수 있는 예수님의 마음을 주신다. 예수 그리스도의 생명으로 거듭 태어나게 되는 것이다.

문제 중의 아주 성가신 문제이며 가족의 아픔을 키우는 중독의 문제는 우리의 본성인 하나님의 성품으로 회복될 때 물러나게 된다. 하나님의 성품으로 회복된 자는 죄와 더불어 세상을 향하여 살아가던 자가 하나님께로 돌아온 자이다.

이제는 삶 가운데에 하나님을 찬양하며 기쁨으로 하나님과의 영적인 교제를 기도와 말씀으로 누리는 자이다. 이것이 나의 삶이 될 때 성령 하나님의 도우심으로 나를 얽어 매려하는 중독으로부터 회복될 수 있을 것이다. 세상보다 훨씬 광대하고 초월적인 하나님의 은혜가 모든 것을 덮어 녹여 주시기 때문이다.

예수님을 믿고 나의 모든 짐을 그분께 내려놓으면 그분이 나의 죄의 짐을 대신 지어주시며 나를 영원한 생명의 길로 인도하여 주신다. 죽은 자 가운데서 산자로 일으켜 세우신다.

내가 하나님 앞에 죄인임을 깨닫고 회개하며 엎드릴 때 하나님은 우리를 사랑으로 안아주시며 위로하여 주시고 하나님의 백성으로 삼아 주신다. 내가 구원받은 자로 하나님의 성품을 닮은 자로 회복되어질 수 있다. 나의 힘이 아닌 삼위일체 하나님(성부하나님 성자하나님 성령하나님)의 힘으로.

히 9:27
한번 죽는 것은 사람에게 정해진 것이요 그 후에는 심판이 있으리니

사람은 누구나 죽는다. 이것이 첫 번째 죽음 이고 죄로 인하여 죽은 후에, 하나님의 심판으로 지옥불에 영원히 던져지는 것이 둘째 죽음이다.

하나님의 은혜는 죄인인 내가 예수그리스도와 함께 부활의 생명으로 영생하는 것이다.

> **롬 6:23**
> 죄의 삯은 사망이요 하나님의 은사는 그리스도 예수 우리 주 안에 있는 영생이니라

우리는 언젠가는 죽는다는 것을 알면서도 사는 동안 죽음이 코앞에 닥치기 전까지는 나에게도 다가올 죽음을 잊은채 살아간다. 대부분의 사람들은 죽음이 목전에 닥치면 두려움에 떨며 삶을 연장 하기위한 온갖 노력을 아끼지 않는다. 이생에서의 삶이 그렇게 고단하고 좌절과 상처를 안겨주었는데..
아마도 내세에 대한 믿음과 확신이 없어서일 것이다. 이 땅에 사는 동안 천국의 자유와 평화와 기쁨을 맛보지 못함에서일 것이다.

하지만 첫 번째 죽음이 마지막이 아니다. 하나님의 심판이 죽은 후에 있다고 하나님께서 말씀하신다. 그래서 죽음은 두렵고 떨리는 것이다.
그 죽음은 누구에게나 오는 것이다. 내일 일수도 먼 훗날 일수도 있다.

> **계 21:8**
> 그러나 두려워하는 자들과 믿지 아니하는 자들과 흉악한 자들과 살인자들과 음행하는 자들과 점술가들과 우상 숭배자들과 거짓말 하는 모든 자들은 불과 유황으로 타는 못에 던져지리니 이것이 둘째 사망이라

이 죄 많은 세상에서 우리는 어떻게 지옥불에 던져지는 진노의 형벌에서 벗어날 수 있을 까? 죄의 문제를 해결하여 모든 죄를 사함을 받고 영원히 하늘나라에서 창조주 하나님을 찬양하며 천국의 삶을 누릴 수 있는 복음의 비밀이 있다.

영이신 하나님께서 말씀을 통하여 이 비밀을 우리에게 알려 주신다.

이것에 대하여는 이 책의 마지막 '거듭남의 비밀'에서 다루도록 하겠다.

수년 전에 섬겼던 정신적 장애가 있는 자들이 살아가는 곳에는 적막과 쓸쓸함이 언제나 떠나지 않는다. 좌절과 낙심과 두려움속 에 약에 의존하여 증세들을 억제하며 살아간다. 이들 중에서 일부는 마약에 다시 의존하며 지내는 자도 있고, 드문 일이기는 하지만 회복이 되어 가정으로 돌아가기도 한다.

이들에게는 사랑이 필요하다. 이기적인 사랑이 아닌 조건 없는 사랑이 필요하다. 조건 없는 사랑은 오직 하나님이신 예수 그리스도의 사랑이다.

예수님은 죄로 얼룩진 추악한 우리들의 죄를 다 짊어지시고 바로 '나'를 위하여 치욕의 십자가에 달려 죽으셨다. 이보다 큰사랑이 어디 있겠는가. 그리고 부활하신 그분을 마음으로 믿어 나를 살리신 구주로 영접한 자들은 예수 그리스도와 함께 새로운 생명으로 영적으로 죽은 자 가운데서 산자로 부활하여 살아가게 된다.

예수님의 사랑은 세상의 것으로부터 자유함을 얻은 거듭난 자의 삶을 통하여 나타난다. 이것도 예수님과 동행하는 그의 삶을 통하여 예수님의 사랑이 나타나는 것이지 그 사람이 나타내는 것이 아니다.
세상에 대하여 죽은 그 사람 안에 살아계신 예수 그리스도의 영이 그의 삶을 주관하여 그를 통하여 예수 그리스도의 사랑이 그를 만나는 자들에게 전하여지는 것이다.

그러한 주님의 사람이 속한 곳에는 하나님의 사랑이 나타나 그를 만나는 사람들에게 예수님의 빛과 사랑이 전하여 진다. 그들의 마음에 깊이 자리 잡은 어두움이 서서히 물러나고 오랜 세월 수없이 할퀴고 때린 아픔과 상처들이 예수님의 사랑으로 치유되고 회복되어진다.

상처와 좌절과 절망가운데 있는 무너진 자에게 하나님의 사랑보다 좋은 것은 없다. 허다한 허물과 상처를 회복시키는 것은 모든 것을 덮어주고 만져주는 하나님의 사랑 뿐이다. 인간의 이기적인 사랑으로는 회복되기에는 그 상처가 너무나 깊고 어두움이 짙다. 그 슬픔의 짓누름이 너무나 무거운 것이다.

초월적인 하나님의 사랑은 모든 것을 해결한다. 분노를 물리치며 증오와 이기심을 물리친다. 각종 중독으로 부터 자유로워진다. 하나님의 성품을 닮은 온유하고 겸손하고 화평하고 원수를 사랑하는 사랑의 사람으로 새로워지는 것이다. 할렐루야!

시 66:9-12

그는 우리 영혼을 살려 두시고 우리의 실족함을 허락하지 아니하시는 주시로다 하나님이여 주께서 우리를 시험하시되 우리를 단련하시기를 은을 단련함 같이 하셨으며 우리를 끌어 그물에 걸리게 하시며 어려운 짐을 우리 허리에 매어 두셨으며 사람들이 우리

머리를 타고 가게 하셨나이다 우리가 불과 물을 통과하였더니 주께서 우리를 끌어내사 풍부한 곳에 들이셨나이다

> 고후 1:8-11

형제들아 우리가 아시아에서 당한 환난을 너희가 모르기를 원하지 아니하노니 힘에 겹도록 심한 고난을 당하여 살 소망까지 끊어지고 우리는 우리 자신이 사형 선고를 받은 줄 알았으니 이는 우리로 자기를 의지하지 말고 오직 죽은 자를 다시 살리시는 하나님만 의지하게 하심이라 그가 이같이 큰 사망에서 우리를 건지셨고 또 건지실 것이며 이 후에도 건지시기를 그에게 바라노라 너희도 우리를 위하여 간구함으로 도우라 이는 우리가 많은 사람의 기도로 얻은 은사로 말미암아 많은 사람이 우리를 위하여 감사하게 하려 함이라

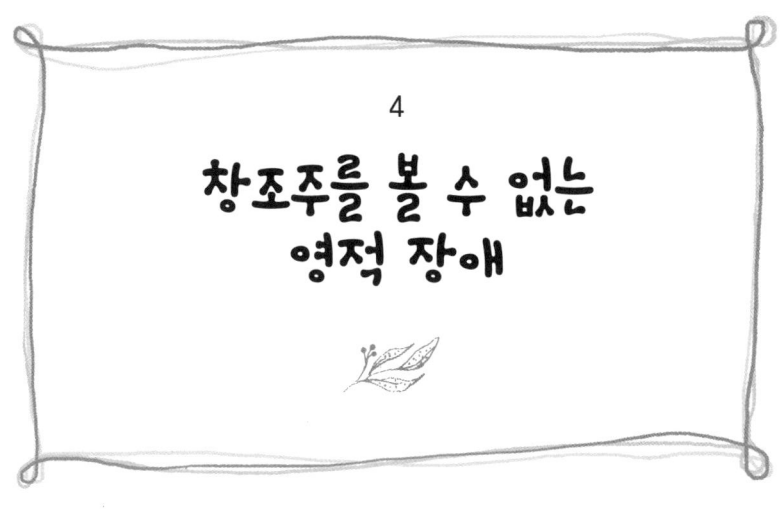

4
창조주를 볼 수 없는 영적 장애

소제목 뒤에 따라붙은 '영적장애'라는 표현은 무신론자나 하나님을 등진 채로 살아가는 자, 또한 타종교를 갖고 살아가는 분들에게는 생소하고 거북한 표현이다. 이 표현은 창조주 하나님과 사람과의 관계가 끊어진 것을 대변하여 주는 단어이다.

절대 권능의 창조주 하나님은 빛이시며 사랑이시다. 그분은 영이시며 그 빛과 사랑이 너무나 놀랍고 크기 때문에 그분의 영을 가진 자만이 그분을 영적으로 볼 수 있게 되는 것이다. 이 글을 읽게 되는 모든 자가 하나님의 은혜로 예수그리스도와 그분을 보내신 삼위일체의 하나님을 알아가게 되기를 간절히 소망한다.

하나님은 죄인중의 괴수인 나를 사랑하시고 은혜의 길로 이끄시면서 크나큰 은혜와 하늘나라의 복을 부어 주고 계시다.
이 세상에서의 나의 삶이 세상적으로 보면 궁핍하고 나이가 들어감에 따라 더욱 초라하게 보일 수 있다. 교만하고 더러운 마음과 분노와 미움으로 가득 찬 죄로 얼룩진 나의 삶은 예수그리스도의 십자가 사랑과 영광을 하나님의 은혜로 체험한 후 180도로 달라졌다.

다음은 나를 사망에서 생명으로 건지어주신 예수 그리스도를 증거 하는 간증문중의 일부로서 시로 표현하였다.

간증시

사랑의 빛으로

2012.04.08.

독생자를 죽게 하심으로
순종으로 십자가를 지심으로

사랑의 빛으로
어두움을 물리치시고
먹빛보다 더 검은 나의 죄를
용서하여 주시고
눈 보다 더 희게 하여 주신
사랑의 주님이시여
은혜의 주님이시여

죄악과 고통으로 신음하는
사망의 음침한 골짜기에서

나의 십자가를 지고
나의 육신의 욕심들을
십자가에 못 박게 하옵소서

다시는 나의 죄로 인하여
주님의 손과 발에
못을 박는 일이 없도록 하옵소서
주여 힘 주시고 인도하여 주옵소서

다시는 다른 사람들을
정죄하지 않을 것이며
미워하지 않을 것이며
우리를 끝까지 용서하신
주님의 놀라운 크신 사랑 찬양하며
용서로 살게 하옵소서
사랑으로 살게 하옵소서

사랑의 주님
낮은 곳으로 내려오시어
섬김으로 사시다가
십자가의 보혈로
우리를 구원하신 그 길을 따라
낮은 곳에 머물며
가족을 섬기고 이웃을 섬기며

죄많은 세상을 그리스도의 마음으로
섬기며 살아가게 하옵소서

죄인들을 위하여
이 땅에 오신 주님을 따라
주님의 향기 배어나는 삶을 원하고 좇사오니

주님께서
나를 보호 하여 주시고
성령의 길로 인도하여 주옵소서
빛과 소망과 믿음과
사랑으로 살게 하옵소서

아멘

나의 믿음을 흔들리지 않게 굳건히 하시고 성령하나님의 도우심으로 새로운 생명의 길로 인도 하시는 하나님 아버지의 크신 은혜에 감격하여 쓴 글이다. 살아계신 하나님을 향한 신앙고백이다.

하나님은 이곳 저곳에 하나님의 사람들을 일으켜 세우시고 그 사람들을 통하여 하나님의 존재를 나타내신다.
은혜의 삶과 죄의 삶, 육신의 삶과 영의 삶, 이 땅의 삶과 하늘나라의 삶, 이기적인 삶과 이타적인 삶, 겸손의 삶과 교만의 삶, 빛의 삶과 어두움의 삶, 내가 주인인 삶과 예수님께 모든 것을 맡기고 따르는 제자의 삶으로 우리들의 삶은 양분할 수 있다.

죄로 물든 육신의 욕심에 이끌리는 옛사람의 삶과 성령 하나님께서 이끄시는 새사람의 삶이 있다.

고후 5:17
그런즉 누구든지 그리스도 안에 있으면 새로운 피조물이라 이전 것은 지나갔으니 보라 새 것이 되었도다

그리스도를 믿는 믿음 안에 있는 것이 그리스도 안에 있는 것이다.
예수 그리스도를 믿는 자는 그리스도인이다. 그리스도인은 그리스도를 믿음으로 그리스도 안에 거하게 되며 누구든지 그리스도 안에 있으면 새로운 피조물이다.
하나님께서는 지금도 여전히 이 말씀으로 우리를 흔들어 깨우고 계시다. 예수 그리스도께서 나를 영원한 생명의 나라로 구하여 주신 사랑의 하나님을 믿는 자는 새로운 피조물 이라고 말씀하신다. 옛 것들은 지나갔으니 모든 것이 새롭게 되었다고 말씀하신다.
이렇게 다시 태어난 자에 대하여 성경은 여러 곳에서 말씀하신다.

내가 참 믿음을 가진 그리스도인인가? 아니면 겉모습만 그리스도인인 가는 나의 삶을 살펴보면 쉽게 알 수 있다. 내 삶의 주인이 누구인가를 살펴보는 것이다. 만일, 여전히 나의 주장과 의지로 세상을 바라보며 육신의 욕심을 채우는 것으로 근심과 걱정 속에 살아가고 있다면 참 그리스도인이 아님을 성경은 우리에게 말씀하여 주고 있다.
진정한 그리스도인은 예수 그리스도와 함께 접붙여 진 자이다. 예수그리스도의 생명으로 다시 태어난 자이다. 옛 모습은 온 데 간 데 없고 새 사람이 되어 예수님을 따라 살아가는 자이다.

자신의 뜻과 의지로 육체의 욕심을 따라 살아가는 사람은 하나님의 존재를 알 수 없다. 하나님과 영적인 교제를 할 수 없다는 말이다. 뿐만 아니라 기도를 하여도 세상의 것들을 바라보며 기도하게 되며 자기의 가정 자기의 사업 등을 위하여 자기중심적인 기도를 하게 된다. 이러한 기도는 하나님께서 들으시지도 않고 하나님께 들리지도 않는다. 우상을 숭배하는 것을 아주 싫어하시는 하나님께 불순종하며 우상들에게 기도하고 있는 것이다.

창조주 하나님의 피조물인 사람이, 하나님의 형상으로 지어진 우리들이, 어찌하여 하나님의 존재를 알 수 없는 것인지 말씀을 근거로 살펴보자.

씨 뿌리는 자의 비유

a. 길가에 씨를 받은 자

마 13:19

아무나 천국 말씀을 듣고 깨닫지 못할 때는 악한 자가 와서 그 마음에 뿌려진 것을 빼앗나니 이는 곧 길 가에 뿌려진 자요

눅 8:12

길 가에 있다는 것은 말씀을 들은 자니 이에 마귀가 가서 그들이 믿어 구원을 얻지 못하게 하려고 말씀을 그 마음에서 빼앗는 것이요

성령으로 충만한 자들은 예수님의 마음을 닮게 되어있다. 예수님은 빛이시요 사랑이시다. 예수님을 닮기를 원하고 성령 하나님의 노우심으로 그 십자가의 길을 따르는 제자들의 마음에는 예수님의 빛과 사랑이 있다.

성령으로 충만할 때에는 예수그리스도의 사랑으로 충만하여 원수도 사랑하는 삶 가운데 있지만, 마귀의 끈질긴 계략으로 세상과 어두움의 권세에게 마음을 빼앗기면 성령으로 충만할 수 없음으로 예수 그리스도의 사랑이 내 안에 충만할 수 없다.
예수 그리스도의 제자로서 예수그리스도를 나타내는 삶을 살아가지 못하게 된다. 또한 성령으로 충만하지 못한 만큼 삼위일체 하나님으로부

터 멀어지며 하나님을 선명하게 바라볼 수 없다. 말씀을 통하여도 살아계신 하나님의 음성을 정확히 들을 수 없게 된다. 다시 말해서 하나님의 말씀으로부터 멀어지고 은혜로 부터 멀어져서 성령의 이끄심에 온전히 따를 수 없게 되는 것이다.

성령으로 충만한 자는 이세상의 모든 영혼을 사랑하게 된다. 그들 역시 하나님아버지의 소중한 피조물임을 알게 되기 때문이다.
만나는 사람들에게 하나님의 말씀과 살아계신 하나님을 증거 하게 되며 이로 인하여 욕도 얻어먹고 핍박을 받게 된다. 하지만 이러한 핍박과 고난은 예수님께서 당하신 핍박과 멸시천대 그리고 십자가에서 피 흘려 죽으심을 생각하며 거뜬히 이겨낼 수 있다.

생명의 말씀을 전하여도 대부분은 말씀을 잘 알아듣지 못하고 영이신 하나님의 말씀을 듣지 못한다. 이것이 하나님을 볼 수 없는 영적인 장애이다. 모든 자연인은 최초의 인간 아담이 하나님께 불순종함으로 들어온 죄를 대물림하게 되어 그 죄로 영이 죽어있기 때문이다. 영이신 하나님을 볼 수 도 알 수 도 없게 된 것이다.

롬 2:24
기록된 바와 같이 하나님의 이름이 너희 때문에 이방인 중에서 모독을 받는도다

마 18:6
누구든지 나를 믿는 이 작은 자 중 하나를 실족하게 하면 차라리

연자 맷돌이 그 목에 달려서 깊은 바다에 빠뜨려지는 것이 나으니라

이 말씀에서 '이방인'은 하나님을 모르는, 영적으로 하나님의 백성이 아닌 자로 분류할 수 있다. 언제부터인지는 잘 모르겠으나 댓글이나 기사 그리고 사람들의 입을 통하여 교회와 기독교 그리고 그리스도인들의 집단이 욕을 얻어먹고 있는 것이 현실이다.

거짓 신자, 거짓 교사, 거짓 교회, 거짓 목사들이 하나님을 알지 못하는 세상 사람들의 지탄의 대상이 되고 있다. 물론 이것은 예수그리스도의 본질을 모르는 사람들이 경험한 교회, 목회자, 장로, 권사, 집사, 교인들을 기억하며 싸잡아 비판 하는 것이다. 이 모든 것은 누구의 책임도 아니고 그리스도 안에 있는 믿는 자들의 몫이다.

이러한 현상은 매우 심각한 일이다. 나를 믿는 이 작은 자들 중의 하나를 실족하게 하면 이것이 엄청난 죄이며 그 죄 값이 따름을 마 18:6에서 누구든지 나를 믿는 이 작은 자 중 하나를 실족하게 하면 차라리 연자 맷돌이 그 목에 달려서 깊은 바다에 빠뜨려지는 것이 나으니라고 말씀하신다.

믿는 자의 삶은 편안한 삶이 아니다. 이 땅에서의 안락과 쾌락과 육신의 욕심을 채우는 것으로 기쁨을 얻는 세상에 속한 삶이 아니다.

마 7:13-14
좁은 문으로 들어가라 멸망으로 인도하는 문은 크고 그 길이 넓어 그리로 들어가는 자가 많고 생명으로 인도하는 문은 좁고 길이 협

착하여 찾는 자가 적음이라

예수님께서 말씀하신다. "좁은 문으로 들어가라."
좁은 문은 길이 협착하여 찾는 자가 적고 멸망에 이르는 넓은 문은 들어가는 자가 많다고 말씀하신다.

좁은 문은 진정한 믿음과 예수그리스도의 영으로 충만한 하나님의 사람들에게는 좁은 길로 보이지 않는다. 이들은 넓은 문으로 들어가는 길은 이 세상의 어느 것으로도 만족을 얻을 수 가 없고 생명이 없는 죽은 자의 삶임을 잘 알기 때문이다. 예수 그리스도를 따르는 좁은 문이야 말로 생명의 문이요 영원한 생명의 삶이 있는 천국에 이르는 문이다.

예수 그리스도를 믿는 믿음의 삶은 예수님을 따라 그분과 동행하는 삶이다.

이 세상에는 하나님의 나라와 어두움의 나라가 있다. 어두움의 나라는 사탄과 마귀가 지배하는 세상이다. 사탄과 마귀는 타락한 천사들로서 하나님과 대적하며 이 땅에서 모든 사악한 일들을 꾸미고 실천하여 하나님 나라를 볼 수 없도록 하는 죄악과 어두움의 세력이며 이들도 영적인 존재들이다.
예수 그리스도께서 십자가의 죽음과 부활로 사망권세 잡은 그들을 영원히 제압 하셨기 때문에 하나님을 이길 수 없는 뜬 구름 같은 존재들이다. 하지만 죄로 물든 육신의 연약함을 지니고 있는 인간은 사탄의 유혹을 이길 힘도 대적할 힘도 없어 그들의 유혹에 빠져들게 되어 순간적인 쾌락을 추구하며 이 땅의 것에 매여 살아가게 된다.

사탄의 세력이 가장 두려워하는 것이 하나님을 믿는 믿음이다.
사람들로 하여금 이 믿음을 갖지 못하게 하려고 온갖 교활한 책략을 휘두르며 다닌다. 예수님도 육신의 몸으로 이 땅에 오시어 여러 사탄의 시험을 이기어 내셨다. 사탄은 믿음이 있는 자들과, 특히 굳센 믿음을 가진 자들을 끊임없이 공격하고 유혹하여 넘어지게 하고 믿음을 흐리게 하려한다. 하나님으로 부터 멀어지도록 하는 데 혈안이 되어 있다.

어느 누구도 이 땅에서 사는 동안에는 사탄의 유혹으로부터 자유로울 수 없다. 안타깝게도 목회자들도 이러한 사탄의 계략에 무릎을 꿇게 되는 경우가 종종 나타나게 된다. 교회에 다니면서 여전히 세상 것에 집착하고 육신의 욕심들을 채우려하며 그것을 거머쥐려고 정신없이 살아가는 자들도 사탄의 덫에 걸려 헤어나지 못하고 있다.
하나님을 만나지 못하였거나 하나님을 믿는 믿음이 무엇인지를 잘 모르는 상태에서 교회에 나아가 열심으로, 물질로, 육체적인 봉사로, 섬기는 자들이 있다. 이들은 교회에서 크고 작은 문제들을 만들어내고 힘들어하며 주변의 사람들을 힘들게 한다.
심지어는 신학대학에서 목회자 후보생들을 가르치는 교수들이나 교회를 맡아 운영하고 있는 영적 리더나 목회자들 또는 교회의 중직을 맡고 있는 장로와 권사, 집사들도 이 부류에 속한 사람들 이 적지 않을 것이다. 한때는 성령 충만하여 각종 은사를 받아 영적인 영향력을 끼치던 자들도 그들이 교만이나 육적인 세상일에 마음을 빼앗길 때 성령하나님은 예외 없이 그들을 떠나신다.

예수 그리스도를 구주로 믿고 영접한 자는 날마다 말씀으로 무장하고 기도로 싸워서 어두운 세력이 나의 마음에 정착하지 못하도록 끊임없는 영적 싸움에 임하여야 한다.

나의 힘으로는 절대로 사탄의 세력과 세상의 것으로 부터 자유로워질 수 없지만 예수님과 동행하며 성령의 인도하심을 받을 때 성령하나님의 도우심으로 우리는 언제나 승리하며 하나님아버지의 기쁨과 영광을 위하여 살아갈 수 있게 된다.

이 삶이 하나님의 창조의 목적대로 살아가는 삶이다.

나의 삶이 살아계신 하나님아버지의 증인이 되는 것이다.

하나님을 모르는 자나,

하나님을 믿으며 살아가는 자 모두가 길가에 있음으로 인하여

말씀을 마귀에게 빼앗기는 일이 없기를 간절히 소망한다.

b. 바위 위에 있는 것들

눅 8:6

더러는 바위 위에 떨어지매 싹이 났다가 습기가 없으므로 말랐고

눅 8:13

바위 위에 있다는 것은 말씀을 들을 때에 기쁨으로 받으나 뿌리가 없어 잠깐 믿다가 시련을 당할 때에 배반하는 자요

바위 위에는 돌밭에 있다는 말이다. 말씀을 기쁨으로 받아 싹이 났다가 습기가 없어 마르며 뿌리가 없기 때문에 시험의 때에 떨어져 나가는 자들이라고 말씀하신다.

목사님의 주일 말씀이나 유튜브나 교회 웹사이트에서 목사님들이 대언하는 말씀을 들을 때 유난히 은혜로운 말씀이 있다. 나에게 하시는 말씀 같아서일 수 도 있고 말씀 자체가 큰 은혜로 다가오기도 한다.
요즈음 널리 활용되는 컨퍼런스나 부흥회에서 현지의 뜨거운 열기와 함께 은혜의 바람 성령의 바람이 불어 나의 온 마음을 채우며 눈물과 감사로 기쁨의 예배를 체험할 수 있다. 그러나 나의 마음이 돌밭과 같은 상태이면 하루, 이틀, 사흘 지나면서 그 뜨거웠던 은혜는 슬그머니 자취를 감추게 되는 경우가 많이 있다.

우리는 믿음의 뿌리가 견고해야 한다.
예수그리스도를 향한 믿음은 나를 내려놓는 것이다.
내가 모든 것을 나의 의지대로 결정하고 살아 나아가던 것을 멈추고
내가 믿는 예수님께 모든 것을 맡기고 예수님의 인도하심,
성령의 인도하심을 따라 살아가는 것이다.

이러한 삶은 영의 마음이 열리어 살아계신 하나님을 바라볼 수 있어야 가능하다. 하나님은 영이시며 우리를 영적인 존재로, 하나님을 찬양하고 그분과 교제하며 그분을 영광을 위하여 살아가는 존재로 만드셨다. 영영 죽을 수밖에 없는 죄인들을 사랑하사 독생자 예수님을 화목제로 이 땅에 보내셨다.

예수님은 십자가에서 피 흘려 죽으시고 부활하심으로 사망권세를 깨뜨려 모든 악과 어두움과 사탄과 마귀의 세력을 물리치고 승리하셨다. 이를 믿고 예수그리스도를 구주로 영접한 자들에게 성령을 보내 주셔서 영이신 하나님을 향하여 닫혀있던 영의 눈을 뜨게 하셨다. 하나님을 볼 수 없는 영적장애를 제거하여 주신 것이다.

c. 가시나무 사이에 떨어진 것

| 눅 8:7

더러는 가시떨기 속에 떨어지매 가시가 함께 자라서 기운을 막았고

| 눅 8:14

가시떨기에 떨어졌다는 것은 말씀을 들은 자이나 지내는 중 이 생의 염려와 재물과 향락에 기운이 막혀 온전히 결실하지 못하는 자요

하나님의 말씀의 씨앗이 가시나무 사이에 떨어진 것은 가시나무가 함께 돋아나 그것을 숨 막히게 하였다고 말씀하신다. 말씀을 듣고 나아가다가 이 세상 삶의 염려와 재물과 쾌락으로 숨이 막혀 완전함에 이르는 열매를 내지 못하는 자들이라고 말씀하신다.

그리스도인이라고 자부하며 믿음생활을 하며 주의 일이라면 발 벗고 나서서 죽도록 몸을 아끼지 않고 충성하는 자들이 있다. 이들 중에서 가정으로 돌아오면 부모간에는 원수처럼 지내는 사람들이 있다.
아이들을 나의 뜻대로 키우려 하다가 뜻대로 되지 아니할 때는 자녀들을 윽박지르며 자녀와의 사이에 높다란 벽을 쌓는 일들이 종종 있다. 자녀들이 보다 우월한 학교 직장 배우자등을 얻게 하고 싶은 것은 일반적인 부모들의 마음일 것이다. 내 자녀가 남의 자녀보다 세상적으로 뒤쳐지는 것을 안타깝게 여기다 그 분을 다스리지 못하여 이로 인한 가정불화가 일어나기도 한다.
친지들과 이웃들을 의식하며 집을 늘리고, 차를 바꾸고, 명품 옷과 장신구들을 사들이기도 한다.
일터에 가면 나의 이익과 출세를 위하여 앞만 보고 달리는 자들이 있다. 승진과 성과급을 놓고 동료와 눈에 보이지 않는 암투를 벌인다. 직위와 직책을 남용하여 부당이득을 도모하기도 한다.
크고 작은 사업을 하며 사업의 번영과 부의 축적을 위하여 탈세와 종업원 착취, 경쟁업체 밀어내기, 불량제품의 사용 등 이용가능한 수단과 방법을 동원하여 경쟁에서 살아남고 보다 많은 수익을 올리기에 힘을 쓴다.
학교에서는 선두를 점하기 위하여 분투하며 정상을 향하여 달린다. 이것 또한 생존경쟁에서 살아남기 위함이다. 남보다 우위를 지키려 함이다. 남보다 차별화된 삶을 통하여 만족을 얻으려는 것이다.

이러한 일들은 육신의 정욕과 안목의 정욕과 인생의 자랑이다.
이들은 아버지에게서 나지 아니하고 세상에서 난다고 요일 2장에서 말씀하신다. 우리는 어려서부터 이러한 생활에 익숙해져 있다.
입으로는 그리스도인이라 하면서, 예수님이 최고라 하면서 일상의 삶이 이와 같이 세상이나 육신의 욕심대로 살아가고 있다면 그 사람 안에 예수 그리스도는 존재하지 않는다.

이러한 삶을 지속하는 사람들은 무신론자와 같이 하나님의 존재를 알지 못하는 자들이다. 영적으로 하나님을 볼 수 없어 하나님의 뜻을 깨우칠 수 없어서 하나님을 거스르는 죄 가운데에 고단하고 허탄한 삶을 살아가는 자들이다.

이 땅에는 영이신 하나님을 알 수 없는 영적인 장애를 지닌 자들이 헤아릴 수 없이 많이 살아가고 있다. 세파의 탁류에 휩쓸려 어디로 가는지 모르는 채 살아가고 있다.

하나님께서는 이들이 그분께로 돌아오기를 바라신다.
지금도 우리들 마음의 문밖에 서서 오래 참으시며 기다리신다.

d. 좋은 땅 속에 씨를 받은 자

마 13:23

좋은 땅에 뿌려졌다는 것은 말씀을 듣고 깨닫는 자니 결실하여 어떤 것은 백 배, 어떤 것은 육십 배, 어떤 것은 삼십 배가 되느니라 하시더라

눅 8:15

좋은 땅에 있다는 것은 착하고 좋은 마음으로 말씀을 듣고 지키어 인내로 결실하는 자니라

좋은 땅에 있는 것은 말씀을 듣고 깨닫는 자라 하신다. 이들은 말씀을 듣고 정직하고 선한 마음속에 그것을 간직하여 인내로 열매를 내는 자들이라고 말씀 하신다.

말씀을 듣고 정직하고 선한 마음속에 그것을 간직하여 인내로 열매를 내는 자들은 성령하나님의 도우심을 받는 자들이다. 하나님의 은혜 안에 있는 자들이다.

이들은 살아계신 하나님을 만난 자들이며 주님의 생명으로 거듭난 자들이다.
이들은 더 이상 세상의 것들에 미혹되지 않으며 육체의 소욕으로 살아가지 않는다.
이들은 죽을 수밖에 없는 나를 사망에서 건져주시고 죄를 사하여 주신 예수 그리스도의 사랑을 깊이 깨달음으로 그 한량없는 사랑에 감격하여 주님의 십자가를 기쁨으로 함께 지고 나아간다. 주님의 삶을 좇아 십자가의 좁은 길을 기쁨으로 나아간다.
이들은 고난이 닥칠 때마다 주님께 모든 것을 의지하고 기도로 간구하며 나아간다. 날마다 나에게 새로운 생명을 주시고 영원한 하늘나라의 삶을 열어주신 그분을 찬양하며 예배자의 삶을 살아간다.
이들은 사탄 마귀가 거센 공격을 해 올 때에 예수 그리스도의 십자가 고난을 바라보며 성령하나님의 도우심을 구하며 그들을 물리친다. 나를 성령으로 충만케 하시고 은혜로 충만케 하시는 삼위일체 하나님의 권능을 받아 승리의 삶을 살아가게 된다.
이들은 자기의 삶이 없다. 자기의 죄로 얼룩진 마음과 의지를 예수 그리스도의 십자가에 못 박았다. 그리스도와 함께 십자가에 못 박힌 나의 몸에 주님께서 살아 역사하시며 성령의 이끄심에 따라 순종으로 삶을 이어간다. 이 땅에서도 천국의 삶을 맛보며 살아간다.
이들은 하나님의 형상을 닮은 이 아름다운 삶을 살아가기 위하여 끊임없는 기도와 말씀묵상으로 영적 전투에 임한다.

예수 그리스도께 나의 삶을 드리는 것. 이것이 그리스도인의 삶이다.

예수님께서는 나 같은 죄인을 수많은 고난과 혼돈 속에 살게 하시고 영적으로 메말라 쓸어져 있던 나를 다시 일으켜 세우셨다. 그분의 생명으로 거듭나게 하신 이유는 억눌리고 비틀리고 깨어져 아무것도 의지할 것 없는 자들에게, 하나님을 알 수 없어 그분과 원수진 삶을 죄 가운데에서 살아가는 자들에게, 살아계신 하나님의 빛과 사랑을 전하게 하시기 위함이다.

하나님께서는 소외되고 상처받아 절망에 처한 힘든 자들을 섬기라는 마음을 나에게 끊임없이 주셨다. 그리고 이를 위하여 나를 낮추고 또 낮추셨다.

예수님께서는 수년 전에 부족하고 연약한 나와 동역자들을 통하여 중독과 여러 가지 사유로 정신적인 장애가 있는 자들이 모여 살고 있는 곳들을 다니며, 그리고 그들을 예배 장소로 인도하여 그리스도의 빛과 사랑을 전하게 하셨다.
처음에는 두려운 마음이 있었지만 그들과 조금씩 익숙해지고 친해지면서 예수님께서 기도를 통하여 그들을 만져주셨고 그들에게 빛을 비추어 주셨다. 사랑에 굶주리고 외로움과 좌절에 빠져있는 그들에게 예수님은 빛과 사랑으로 찾아오신다. 나와 같이 내세울 것 하나 없는 나약한 자를 사용하셔서 그들에게 사랑을 주고 계신다.

나에게 이곳에서 일 년 간 섬김의 시간을 동역자들과 보내게 하셨다.

마 9:23
예수께서 그 관리의 집에 가사 피리 부는 자들과 떠드는 무리를 보시고

사랑에 굶주리고 어두움에 친숙한 그들. 죄와 외로움, 슬픔, 그리고 각종 중독에 시달리는 그들. 정신적인 나약함과 아픔을 갖은 그들을 위로해 줄 분은 예수 그리스도 한 분 밖에 없으시다.

조건 없는 그분의 사랑, 목숨을 아끼지 않고 우리를 구원하시기 위하여 피 흘려 죽으신 그분의 사랑이 필요하다. 이 사랑은 하나님을 몰라 이 세상에서 방황하며 아픔과 좌절 속에서 절규하는 우리 모두에게 절대적으로 필요한 사랑이다.

그들 중에는 어린아이와 같기도 하고 천사와 같은 자들이 있다. 수많은 어려움을 겪고 살아오는 동안 모든 것을 다 잃어서인가? 세상 욕심이 거의 없는 듯하다.

이러한 어린아이와 같고 순수한 마음을 주님이 사랑하시고 그들에게 말씀을 들을 기회를 주신다. 그들 중 적지 않은 자들이 좋은 밭을 지니고 있다. 그들에게 떨어지는 말씀이 생명의 씨앗이 되어 그들에게 파고든다.

사랑과 말씀을 통하여 하나님의 빛을 쬐는 그들의 마음은 주름이 엷어지고 서서히 펴져 간다. 절망 중에 눌려있던 그들에게 예수 그리스도의 생명이 흘러 들어가며 소망의 삶을 살아가고 기쁨을 회복하게 된다.
어두움을 물리칠 힘을 키워 나아가게 된다. 하나님의 축복이며 은혜이다.

그들은 신체중의 일부가 고장이 나서 정상에서 벗어나 있는 육신의 질병을 가진 자들과 다를 게 없다. 그들도 정신적인 불편함을 의사의 처방에 따라 약으로 컨트롤하며 살아간다.

예수님은 이 세상에서 눌리고 소외당한 자들,
병들고 지치고 마음이 가난한 자들을 사랑하신다.

내가 의지할 것은 주님밖에 없다.
나 가진 것 없어도 주님께서 늘 나와 함께하여 주시니 이 세상에 부족할 것 또한 없다.

시편 23편 1-5(다윗의 시)

여호와는 나의 목자시니 내게 부족함이 없으리로다 그가 나를 푸른 풀밭에 누이시며 쉴 만한 물 가로 인도하시는도다 내 영혼을 소생시키시고 자기 이름을 위하여 의의 길로 인도하시는도다 내가 사망의 음침한 골짜기로 다닐지라도 해를 두려워하지 않을 것은 주께서 나와 함께 하심이라 주의 지팡이와 막대기가 나를 안위하시나이다 주께서 내 원수의 목전에서 내게 상을 차려 주시고 기름

을 내 머리에 부으셨으니 내 잔이 넘치나이다

이 시가 나의 시가 되었다.

이후에도 소외되어 빈곤과 절망에 처한 자들을 찾아 이곳, 저곳을 떠돌게 되었다.
그러던 중에 하나님께서 나의 마음과 발길을 남미의 아름답고 작은 나라 에콰도르로 인도하여 주셨다. 그곳에 사는 원주민(인디헤나)과 지역 사람들을 많이 만날 수 있게 하시고 그들과 예수 그리스도의 이름으로 사귐을 갖게 하시고 그들에게 귀한 예수 그리스도의 생명의 말씀을 선포하게 하여 주시고 간증하게 하셨다.

육신의 연약함을 입고 있는 나로서는 나를 넘어뜨리고 하나님으로 부터 멀어지게 하려는 사탄 마귀와의 싸움이 큰 일거리다. 사탄 마귀가 득세히어 나의 마음을 흔들게 되면 그들을 더 이상 사랑의 마음으로 바라볼 수 가 없기 때문이다.
기도할 때마다 그들을 미워하지 않게 언제나 주님의 마음으로 채워 달라는 기도를 간절히 하게 된다. 나로 충만할 때는 내가 아무것도 할 수 없지만 나의 마음이 주님으로 충만하여 지면 능치 못할 것이 없다.

아는 사람이 아무도 없는 그곳에서 오직 주님만을 의지할 수 밖에 없는 상황을 만들어 가셨다. 그럴 때마다 나를 이 먼 곳에 보내시고 일하려 하시는 주님을 생각하며 기도로 주님께 매달렸다. 나는 아무것도 할 수 없으니 주님께서 새로운 힘을 주시고 주님 원하시는 길을 주님만을 바라보며 묵묵히 예수님을 따라 걸어갈 힘을 주시옵소서!

예수님은 그때마다 새로운 용기와 힘을 주시며 그들에게 그리스도의 십자가 사랑과 복음을 전하게 하시고 그들과 예수님의 사랑을 나눌 수 있도록 인도하시었다. 그리고 나에게도 그들과의 만남을 통하여 그리스도의 사랑 안에서 내안에 남아있던 쓴뿌리들이 회복되는 은혜를 더하여 주셨다.
사랑으로 인도하여 주신 주님께 감사와 모든 영광을 돌려드린다.

하늘에 속한 자

출 20:2

나는 너를 애굽 땅, 종 되었던 집에서 인도하여 낸 네 하나님 여호와니라

이 말씀은 하나님께서 모세를 시내산 꼭대기로 불러 십계명을 주시기 전에 하신 말씀이다. 하나님은 모세로 하여금 애굽(이집트)에서 종살이 하던 이스라엘 백성을 이끌어 내게 하셨다. 이들에게 삶의 지침 십계명을 주셨다. 우상 바알을 숭배하던 세상에 속한 애굽 땅에서 구하여 내시고 하늘에 속한자로 하나님 나라의 백성으로 살아가라고 삶의 지침을 주셨다.

레 11:45

나는 너희의 하나님이 되려고 너희를 애굽 땅에서 인도하여 낸 여호와라 내가 거룩하니 너희도 거룩할지어다

하나님은 주의 백성들을 우상과 향락과 세상의 것에 탐닉하고 있는 이방인의 삶으로 부터 구하여 내신다. 그리고 그들에게 영원한 생명이 있는 약속의 땅으로 인도 하신다. 계명을 주시고 순종을 명하신다. 멸망의 길인 세상으로 부터 보호하시고 구별하시어 구원하시기 위함이다.
그리고 이렇게 구별된 자들이 하나님을 닮아가기를 원하신다. 내가 거룩하니 너희도 거룩할지어다 라고 말씀하신다.

아담이후 영적으로 죽은 자가 된 우리들 모두는 하나님의 생명으로 다시 태어나지 않으면 하나님을 볼 수 없다. 예수그리스도를 나의 구주로 믿고 영접함으로 구원받은 자는 거듭난 자이다. 죽어있던 영이 하나님의 생명으로, 예수 그리스도의 보혈로 그리스도와 함께 부활한다. 너이상 영적인 베일에 가려져있지 아니한 자이다. 하나님을 알고 그의 말씀을 깨달아 말씀대로 살아가려고 힘쓰는 하나님의 자녀이다. 세상에 속한 자에서 하늘에 속한 자로 바뀌어진 것이다.

출 20:3-6

너는 나 외에는 다른 신들을 네게 두지 말라 너를 위하여 새긴 우상을 만들지 말고 또 위로 하늘에 있는 것이나 아래로 땅에 있는 것이나 땅 아래 물 속에 있는 것의 어떤 형상도 만들지 말며 그것들에게 절하지 말며 그것들을 섬기지 말라 나 네 하나님 여호와는

질투하는 하나님인즉 나를 미워하는 자의 죄를 갚되 아버지로부터 아들에게로 삼사 대까지 이르게 하거니와 나를 사랑하고 내 계명을 지키는 자에게는 천 대까지 은혜를 베푸느니라

나 외에는 다른 신들을 네게 두지 말라고 말씀하신다. 우상을 섬기는 자들에게는 삼사대까지 죄를 물으며, 하나님을 사랑하고 그 계명을 지키는 자에게는 천대까지 은혜를 베푸시겠다고 말씀하신다. 하나님의 우리를 향한 사랑이 절절히 배어 있는 말씀이다.

하나님은 우리들이 하나님을 등지고 세상의 것들을 우상으로 섬기며 살아가는 삶이 얼마나 황폐하고, 영원한 죽음과 고통에 이르는 길 임을 잘 알고 계시기 때문에 우리모두를 사망에 머무르는 죄로부터 영원한 생명의 나라로 구하시기 위하여 독생자 예수를 이 땅에 화목제물로 보내주신 것이다.

위의 말씀과 관련된 나의 묵상을 통한 신앙고백을 소개한다.

묵상

내가 너희 멍에 빗장목을 깨뜨리고(2013. 02. 23.)

레 26:13

나는 너희를 애굽 땅에서 인도해 내어 그들에게 종된 것을 면하게 한 너희의 하나님 여호와이니라 내가 너희의 멍에의 빗장을 부수고 너희를 바로 서서 걷게 하였느니라

인용된 본문은 소그룹원들과 성경공부 클래스를 위하여
준비하던 중에 묵상하게 된 말씀입니다.
이번 주 우리들은 여호와께서 아브라함을 통하여
이루고자 하시는 언약에 관한 말씀을 묵상하는 것이었는데
위에 쓰여 진 말씀을 주님께서 보게 하시며 다시금 깊은 은혜의 감격에,
주님의 한없는 사랑의 감격에 빠져 눈물을 감출 길이 없었습니다.

오래 참으시고 자비와 긍휼을 베푸시며
끝까지 기다리시고 사랑하시는 주님께서는
참으로 질기게 하나님의 부르심을 외면하며
세상에 매여 지내던 이 죄인을 깨워주셨습니다.
주님을 멀리하고 나의 의지로 멋대로 육신의 정욕대로 세상을 살아오다
삶에 지치고 메말라 어두움과 죄악에 눌려 죽어있는
나의 영혼을 깨워 주셨습니다.

주님 앞에 엎드리게 하시고
마음의 문을 열고 불순종의 삶을 고백하며 죄를 청할 때에
한 번의 꾸짖으심 없이 이 죄인중의 죄인을 반기시며
깊은 포옹으로 안아주시며 위로해 주셨습니다.

계 3:20

볼지어다 내가 문 밖에 서서 두드리노니 누구든지 내 음성을 듣고 문을 열면 내가 그에게로 들어가 그와 더불어 먹고 그는 나와 더불어 먹으리라

할렐루야~~!
사랑의 주님을 찬양합니다.

이렇게 감격으로 나를 위로하여 주시고
내 안에 들어 오셔서 나를 치유케 하시고 회복시켜 주시었습니다.
하나님의 빛으로 내안의 모든 어두움과 죄 된 마음을 거두어 주셨습니다.

한평생을 나의 의지와 육신의 소욕으로 살아가던 나를
죄와 고통의 멍에에서 허덕이며 어두움의 친구로 살아가던 나를
사탄의 달콤한 유혹에 즐겨 넘어지던 그 쓰레기 같은 나의 삶을
성령의 소욕으로 가득 채워주셨습니다.

성령하나님께서 나의 마음을 주장하여 주시고
예수님이 가신 그길을 기쁨과 평안으로,
나는 죽고 예수그리스도를 좇는 마음으로 살아가게 인도 하셨습니다.
주님과의 영적인 교제를 통하여
그리스도의 영광을 조금이나마 체험하게 하시고
그 영광을 위하여 살아가게 견인하심을 무엇으로 보답하리요.
할렐루야!

세상에 속한 자

나는 기독교집안에서 태어나 어려서 부터 학교에 다니듯 감리교회에 출석하여 예배하고 말씀 듣고 여름성경학교에 꼬박꼬박 참석하며 각종 성경 암송대회 가족 찬양대회 등 기독교의 문화속에서 자라왔다. 국민학교와 고등학교를 기독교 학교에서 다녔다.

할아버지는 장로님이셨고 할머니는 권사님이셨다. 할아버지의 신앙과 믿음에 대하여 기억에 남는 것이 별로 없는데 할머니는 어릴적 기억을 더듬어 보니 정말로 신실하고 견고한 믿음을 갖고 계셨던 것 같다. 오전에는 언제나 단정한 모습으로 앉아 찬송을 부르시고 성경을 읽으셨다. 그리고 기도하셨다.

아마도 아침을 드신 후 오전내내 그리 하셨던 것 같다. 지금도 그 힘차고 카랑카랑한 할머니의 기도소리가 귀에 들리는 듯하다. 우리도 어려운 살림이었지만 언제나 더 어려운 이웃들을 살피고 도와 주셨다.

어린적 부친께서는 기독교 학교에서 목사직과 주말에 파트타임으로 교회 목회도 하셨다. 이 당시에는 목회자들이 배고프고 가난한 시대였다. 교인들도 가난하고 교회 규모도 작아서 하나님께 드리는 헌금도 당연히 적어 교회에 돈이 별로 없었다. 이에 따라 신학과도 인기가 없었고 지원하는 학생이 별로 없어 경쟁이 심하지 않았다.

나는 재수생 시절부터 교회를 멀리하게 되었지만 이따금씩 지역교회에 출석하여 예배를 드리곤 하였다. 교회를 잘 안다니던 나를 염려하는 누나와 함께, 때로는 아버지와 함께 가끔씩 교회에 나갔으며 신학교를 졸업한 작은 형이 경기도 수원 근교 농촌에 있는 작은 교회를 섬기게 되어

형과 친하게 지내던 나는 형을 만날겸 그 교회에 자주 들렸었다.
이때야 말로 어릴적 습관으로 불편함이 없이 때에 따라 교회에 가서 예배드리곤 하였지만 한 시간이 왜 그리 지루하고, 설교시간은 왜 그리 졸리운지, 헌금시간이 지나고 기도할 때쯤이면 미리 교회를 빠져 나온 적이 한 두 번이 아니다.
교회를 떠나면 교회 하고는 아무 상관이 없는 육신의 욕심을 쫓아 방황하던 시절 이었다. 나는 물론 이당시 예수그리스도의 십자가 사랑에 대하여 수없이 들었지만 그냥 스쳐 지나갈 뿐 그 사랑이 무엇인지 알 수도 없었고 관심도 없었다. 내가 죄인인지 아닌지 한 번도 생각해 본 적이 없었던 것 같다.

군복무를 마치고 뒤늦게 대학공부를 마친 후에, 대기업에 일자리를 잡은 나는 입사동기 중 나이가 제일 많았다. 제일 어린 입사동기와 일곱살이나 차이가 났다. 이러한 핸디캡으로 쉽지 않은 직장생활을 하면서 결혼도 하고 아이들도 생겼다.
이무렵에, 세상으로 치닫는 나의 생활로, 하나님의 사랑과 존재를 어렴풋이 느낄 뿐, 하나님을 잊고 살아가게 되었다. 다행이 아내가 아이들을 교회에 데리고 다녔지만 나는 아이들의 교회 생활에도 관심이 없었고 직장에서 쌓인 스트레스를 풀기 위하여 주말이면 들로 산으로 물가로 가족과 함께 나들이하기에 바빴다. 주일(일요일)도 야외에서 지내는 때가 대부분 이었다.
이러한 나의 삶을 아버지와 누님들 그리고 형님들이 걱정스럽게 바라보며 많은 기도를 하셨을 게다.
지금 생각하면 아이들의 성장기 때 예수 그리스도에 대하여 말해 주며 함께 기도하지 못한 시간들이 많이 아쉽지만 감사하게도 하나님께서 붙들어 주시고 양육하여 주셔서 자녀 둘 다 믿음의 삶을 살아가고 있다.

이러한 생활이 진행되는 동안에, 한국교회는 놀랍게 성장을 하였다. 대형 교회들이 생겨나고 교회들이 양적인 팽창을 거듭하였다. 목회자들의 세상적 지위는 드높아지고 생활도 궁핍함에서 사치스러울 정도의 호화스러운 생활을 하는 목회자들이 늘어났다.
이러한 목회자들의 목에는 자연히 힘이 들어 있었고 예수그리스도의 겸손과 사랑은 없어 보였다. 내가 어릴적 무심코 들어온 그리스도인과 목자의 삶 하고는 거리가 멀게 느껴졌다. 아마 지금 무신론자나 교회 밖의 사람들에게 기독교가, 특히 목회자가, 지탄의 대상이 되고 있는 것도 이와 비슷한 상황이리라 이해하고 있다.
이 무렵에는 나 역시 누가 물으면 그리스도인이라고 말하였다. 교회는 잘 안 나가지만 내안에 하나님께서 계신 것을 어렴풋이 느꼈기 때문이다.
당시에, 나의 생활은 일반적인 한국 직장인의 생활문화 이지만 그리스도인과는 거리가 먼 생활이었다. 세상에 속한 자의 삶 이었다.

전날의 술과 피로에 찌든 몸을 달래며 시간에 맞추어 정확히 일어나 차를 몰고 회사로 향한다. 타인으로부터 책을 잡히는 것을 극도로 경계하며 살아가던 나의 성격으로 지각을 피하기 위하여, 그리고 복잡한 상황을 피하며 살기를 즐겨하는 이유로 오전 8시가 출근시간 이지만 여유있게 7시에서 7시10분이면 회사에 도착한다. 조금만 늦게 출발하여도 출근시간은 많이 길어져서 이래저래 피로감이 더 싸인다.
차도 안 밀리고 엘리베이터도 텅 비어 있다. 신문을 보고 하루 할 일을 점검 해보고 밀린 일들을 챙겨보는 것으로 일을 시작한다. 전쟁과도 같은 일과가 시작되고, 저녁이 되어 일이 끝나면 주로 회사 근처에서 삼삼오오 혹은 단체회식 등으로 소주와 맥주를 곁들인 저녁식사를 하고 어떤 날은 중국술과 함께 중국음식을 즐긴다. 왁자지껄한 시간이 끝나면 2차로 나이트 클럽이나 가라오께 룸살롱을 찾아 거나하게 술판들을 벌이곤 하였다.

또는 당구장이나 기원, 볼링장을 찾기도 하고 사우나와 음식점 등의 방에서 고도리 판을 벌이기도 하였다. 그 당시에도 화가 많이 쌓여 있던 나는 드물게이지만 술자리에서 상대를 가리지 않고 싸움을 하기도 하였다.

집에서는 남편만을 바라보며 정해진 월급으로 규모 있게 생활하는 아내와 아이들을 잊은 채로 이따금 거래처 접대로 어떤 때는 접대를 받으며 술자리에 함께할 때도 있지만 주로 직장 동료들과의 어울림이나 회식 등으로 늘상 이루어지는 반복적인 생활이었다. 사탄이 의도하는 육신의 향락과 욕심에 빠져 지냈던 것이다. 세상일에 매달리며 세상에 속한 삶을 살아갔다.

신도시에서 목회를 하는 친구 목사님이 찾아왔다. 중학교 때 가깝게 지내었고 교회로 인도하여 같이 다니기도 하였다. 그 친구는 나와 만나 오랫만에 대화를 나누는 가운데 나의 영적 상태를 금방 알아채고는 '종현아, 우리 소년시절에 네가 나에게 전도를 하여 교회에 나가 예수님을 만나고 목사가 되었는데 이제는 내가 너를 하나님께 인도하여야 겠구나' 하였다. '응 그래?' 하며 떨떨한 기분으로 받아 넘겼다.

지금 생각하면 고3과 재수시절을 통한 깊은 방황의 세월을 통하여 그리고 직장생활을 하며 지내온 세상에 속한 삶을 통하여 하나님은 나를 깨뜨리시고 무너뜨리고 계셨다. 나의 넘치는 자신감과 자만심을 부수고 또 부수어 가셨다. 정신적으로 물질적으로 힘들게 하시며 점점 나약한 나로 서서히 몰고 가셨다.

그럴수록 술에 의존하는 버릇이 생겼고 이곳 미국으로 이민오기 전 4년간을 부산경남지사에서 일하는 동안 거의 매일 술을 마시며 지낸 것 같다. 술에 강한 나도 아니고 술을 즐기는 체질도 아니지만 어찌하다 보니 이런 생활에 젖어들게 된 것이다.

이른 새벽에 만취가 되어 집에 가면서, 술에 약한 내가 이렇게 살다가 이제 곧 죽겠구나 하는 생각을 자주 하였다. 좀 늦게 태어난 둘째아이는 아빠를 주말에만 만나게 되다보니 동네아저씨 보듯 서먹해하며 슬슬 피해 다녔다.

하나님은 이러한 나의 삶을 미국으로 이민을 하게 하시어 정리하게 하셨다.

이 무렵에, 큰형으로 부터 전화가 자주 왔다. 미국이민이 승인된 후 3년이 지나면 효력이 없어지는데 6개월 밖에 남지 않았으니 한 번 심사숙고해 보라는 주문이었다.

회사의 일에도 지쳤고 술에도 지쳤고 하나님께서 나를 자꾸만 약한 자로 몰고 가시면서 많은 허전함과 허탄한 마음을 지니고 있을 때였다. 그래 이제 다른 세계로 나아가 새로운 삶을 살아보자.

아이들이 초등학교 6학년, 유치원 학생인데 끝까지 잘 교육 받도록 뒷바라지를 할 수 있을까를 생각하면 자신이 없었다. 지금껏 한국에서 15

년 직장생활을 열심히 하였으니 이제 미지의 미국 땅으로 건너가 60세까지 또 다른 15년간을 새롭게 살아보자 하는 마음이 굳어지고 있었다. 오래 전부터 아내는 이민에 대하여 매우 부정적 이었으며 미국의 '미'자도 듣기 거북해 하였다. 이러한 아내를 틈만 나면 광안리 해변가를 산책하며 설득하였다. 나만 믿고 가면 된다고, 아이들한테 좋은 영향을 줄 수도 있으니 가서 살아보자고 하였다.

그때만 하여도 나는 아무거나 다 할 수 있을 것 같았다. 분당에 아파트가 한 채 있었고, 퇴직금도 좀 갖게 되니 아직 40대 중반의 나로서는 이민의 길이 별로 두렵지 않았고 새로운 삶에 대한 희망이 있었다. 무엇보다도 회사 문화와 술 문화에서 벗어나고 싶었다.

세상에 속한 자는 하늘나라의 영광을 모른다. 육신의 욕심에 따라 세상의 것을 추구하며 살아간다. 남보다 더 가진 것에 대하여 즐거워하고 평안해하며 나보다 더 가진 자를 부러워하고 나보다 못 가진 자를 업신여기며 무시한다. 못 가진 것에 대하여 불안해하고 아쉬워하며 화를 낸다. 가진자에 대하여 적개심을 품기도 하고 가진 자나 못가진 자나 조금이라도 더 갖고 누리기 위하여 때로는 속이기도하고 남을 해치는 일을 서슴지 않는다. 죄의 열매를 맺는 것이다.

약 1:15

욕심이 잉태한즉 죄를 낳고 죄가 장성한즉 사망을 낳느니라

세상에 속한 마음은 사람이 태어날 때부터 지니고 태어나는 죄로 물든 본성이다. 육신의 소욕을 따라 살아감에 따라 세상 것에 욕심을 내며 살아가게 된다. 욕심은 죄를 낳는다. 또한 죄로 인하여 영영 벗어날 수 없는 사망의 늪에서 허우적거리며 살게 된다.

우리는 어찌하여 고단하고 화나고 슬프고 허전한 끝없는 방황의 세월을 보내며 살아가게 되었을까? 왜 채워도, 채워도 허전한 마음은 채워지지 않는 것일까? 그 이유는 우리들 모두의 마음에 죄가 있기 때문이다.

롬 3:23
모든 사람이 죄를 범하였으매 하나님의 영광에 이르지 못하더니

전 7:20
선을 행하고 전혀 죄를 범하지 아니하는 의인은 세상에 없기 때문이로다

모든 사람이 죄로 인하여 하나님의 영광에 이르지 못한다고 말씀하신다. 하나님의 영광에 이르지 못함은 하나님의 존재를 알 수 없음이며 이로 인하여 내가 하나님 앞에 죄인임을 깨닫지 못한다. 세상 어느 누구도 육신을 입고 있는 한 죄로부터 자유로운 사람은 한명도 없다.

히 9:27
한번 죽는 것은 사람에게 정해진 것이요 그 후에는 심판이 있으리니

나는 삶에 지쳐서 심신이 망가졌으며 천국에 대한 소망도 지옥에 대한

두려움도 없었다. 천국에 못가면 죽은 후에 끝인지 알고 있었다. 태어나는 것도 내 마음대로 난 것이 아니듯, 죽은 후의 것도 내 마음대로 되는 것이 아니다. 죽은 후에는 누구나 다 하나님의 심판대에 서게 된다.

| 롬 6:23 |

죄의 삯은 사망이요 하나님의 은사는 그리스도 예수 우리 주 안에 있는 영생이니라

| 계 21:8 |

그러나 두려워하는 자들과 믿지 아니하는 자들과 흉악한 자들과 살인자들과 음행하는 자들과 점술가들과 우상 숭배자들과 거짓말 하는 모든 자들은 불과 유황으로 타는 못에 던져지리니 이것이 둘째 사망이라

죄의 삯은 사망이라고 말씀하신다.
두려워하는 자들과 믿지 아니하는 자들과 흉악한 자들과 살인자들과 음행하는 자들과 점술가들과 우상 숭배자들과 거짓말하는 모든 자들은 불과 유황으로 타는 못에 던져지며 이것이 둘째 사망이라고 말씀하신다.
롬 6:23 후반부에 하나님의 선물은 예수 그리스도 우리 주를 통해 얻는 영원한 생명이라고 말씀하고 계신다.

사탄은 순간적인 쾌락과 즐거움을 미끼삼아 우리를 유혹하여 죄악의 덫에 묶으려 한다.

이 죄 많은 세상으로부터 우리는 어떻게 지옥불에 던져지는 형벌을 면할 수 있겠는가? 그 답이 바로 여기에 있다. 예수 그리스도, 우리 주를 통해 얻는 영원한 생명이라고 말씀하고 계시는데 이에 관하여는 책의 후반부에서 다루기로 한다.

세상을 살아가는 동안에는 인간은 끝없이 불안해하고 무엇인가에 대하여 의지하고 싶어 한다. 집안에 어려운 일이 닥치거나 질병 등으로 불행한 일이 계속 될 때, 사업이 꼬이고 삶이 뒤틀릴 때 불안은 과중되고 두려움에 떨게 된다. 나약한 인간의 실체를 느낄 때 사람들은 무당을 부르기도 하고 절에 가서 빌기도 하고, 점집을 찾아 나서고, 새해가 되면 신년운수 토종비결 등에 의지하며 불안감을 해소하려고 한다.

인간은 연약하여 무언가 의지할 바를 찾아 그곳에 몰두하며 의지하게 되는데 사람마다 얼굴 생김새와 마음이 다 다르듯이 의지하는 것도 각양각색이다. 이것이 바로 우상을 숭배하는 것이다.

하나님께서 주신 십계명 중 두 번째가 우상을 섬기지 말라는 것이다.

> **출 20:4-5**

너를 위하여 새긴 우상을 만들지 말고 또 위로 하늘에 있는 것이나 아래로 땅에 있는 것이나 땅 아래 물 속에 있는 것의 어떤 형상도 만들지 말며 그것들에게 절하지 말며 그것들을 섬기지 말라 나 네 하나님 여호와는 질투하는 하나님인즉 나를 미워하는 자의 죄를 갚되 아버지로부터 아들에게로 삼사 대까지 이르게 하거니와

하나님께서는 하나님 외에 어떤 것도 섬기고 의지하는 것을 금하셨다. 우리가 살아가는 동안 섬기는 우상은 너무나 많다. 우리는 이 땅에서 무엇을 섬기고 있는가?

내가 세상에 마음을 빼앗기고 있는 동안에는 돈에 대한 믿음과 기대가 있었고 좋은 집과 차에 대한 미련도 많았다. 일터에서 뛰어나게 인정을 받아 늦게 시작한 회사생활에서 남보다 진급을 빨리하고픈 명예욕도 있었다. 자녀들이 이 세상에서 좋은 학교 좋은 일 좋은 배우자를 만나기를 바라며 세상적으로 잘 되기를 바랬다. 세상에 속한 삶이다.
성경은 이러한 돈과 명예 이세상의 것들을 우상이라고 말씀하고 있다. 뒷뜰에 모셔놓은 돌상이나 동상 같은 것만이 우상이 아니다. 하나님보다 더 섬기고 애착하며 의지하는 것이 있으면 우상숭배이며 어떠한 것도 만들지 말고 섬기지 말라고 말씀하신다.

세상에 있는 것들에 마음을 빼앗길 때 하나님을 볼 수 없으며 하나님으로 부터 멀어질 수밖에 없는 것을 하나님은 너무나 잘 알고 계시기 때문에 우리 모두를 너무나 사랑하시는 하나님 아버지께서 우상을 섬기지 말라고 말씀하신다.

우상은 교회에 나아가는 자의 삶에도, 교회에도 얼마든지 있다. 교회가 생명력을 잃어 세상으로부터 지탄의 대상이 되고 있는 주요인이 여기에 있다.
교회의 생명은 예수 그리스도 안에 있다. 예수 그리스도를 믿는 자들의 교회는 그 머리와 주인이 예수그리스도 한 분이시다.

요 15:5-8

나는 포도나무요 너희는 가지라 그가 내 안에, 내가 그 안에 거하면 사람이 열매를 많이 맺나니 나를 떠나서는 너희가 아무 것도 할 수 없음이라 사람이 내 안에 거하지 아니하면 가지처럼 밖에 버려져 마르나니 사람들이 그것을 모아다가 불에 던져 사르느니라 너희가 내 안에 거하고 내 말이 너희 안에 거하면 무엇이든지 원하는 대로 구하라 그리하면 이루리라 너희가 열매를 많이 맺으면 내 아버지께서 영광을 받으실 것이요 너희는 내 제자가 되리라

교회는 그리스도의 지체이다. 머리되시는 예수 그리스도의 지체, 즉 사람이나 사람들이 교회이다. 이 교회는 예수 그리스도께 접붙여진 그리스도의 사람들이다.

예수님께서는 나를 떠나서는 아무것도 할 수 없으며 내 안에 거하지 않으면 가지처럼 밖에 버려져 마르게 되어 사람들이 그것을 모아다가 불에 던져 사른다고 말씀하신다.
예수님께서 머리되시는 예수 그리스도의 교회는 예수님을 따른다. 그분의 말씀을 따라 행하며 그 십자가의 사랑을 따라, 예수 그리스도와 같이, 세상에 버려진 자들 나약한 자들 병들고 가난한 자들 귀신들린 자들 영적으로 죽어있는 자들을 찾아가 도와준다.
이들의 삶에 늘 함께 하시는 예수님의 빛과 사랑이 흘러 나와 그 빛과 사랑으로 치유케 하시고 회복시키신다. 예수님은 이들을 사용하시어 죽어있는 그들의 영혼을 주님의 생명으로 회복시키시고 구원의 길로 인도하신다.

사람은 오직 예수 그리스도와 접붙여 있을 때 그리스도의 몸 된 교회가 된다. 또한 이들과 이들이 모인 곳이 하나님의 집(성전)이다.
예수 그리스도의 생명과 빛과 사랑이 이 교회에 충만함으로 주님의 권능이 그들에게 전하여져 회복되고, 치유되어 새로운 생명을 얻게 될 것이다.

요즈음에는 예수 그리스도께서 주인 되시는 교회를 찾아보기가 어렵게 되었다. 적지 않은 교회는 그 주인이 예수님 대신 담임목회자나 운영진 아니면 성도들이 차지하고 있다.
예수 그리스도와 분리되어 있는 것이다. 이러한 교회는 예수 그리스도의 생명을 잃어 사람들의 발에 치이고 조롱과 비난의 대상으로 전락한다.
그들은 그들만의 성을 쌓아 집단을 이루며 입에 달콤한 말씀을 생각하며 이 땅에서의 편안함과 안락과 건강의 축복을 구한다. 사후에도 천국에 들어가서 영원히 사는 것을 바라보며 열심으로 교회에 다니지만 그들의 삶은 여전히 세상에 속해있다.

하나님의 은혜로 잘 지내고 있다고 여기는 그 교회에 낯선 자들이 찾아들면 방해라도 할까봐 새로 찾아온 자들을 경계하기도 하고 틈을 좀처럼 열어주지 않는다. 홈리스나 불편함을 끼칠 듯한 자가 기웃거리고 드나들게 되면 속히 교회에서 멀어지도록 수단과 방법을 구하고 실행한다.
소그룹 모임에서도 예수 그리스도 안에서 삶을 나누고 주님의 말씀을 경청하기보다는 모여서 간단히 예배드린 후에, 먹고 마시고 세상 돌아가는 이야기로 꽃피운다. 이들 교회의 주인은 이미 예수님이 아니다. 자기의 세상 욕구 충족과 복락 그리고 사후 세계의 영원한 천국을 꿈꾸는 종교단체일 뿐이다.

이들은 자기 자신을 섬기고 예배도 자기가 주인이 되어 온 몸과 마음을 다하여 신령과 진정으로 드려야할 예배를 보고 있다. 이들은 예배시간에 다리를 꼬기도 하고 전화기를 들고 문자를 주고, 받기도 한다. 전화기를 켜 놓은 채 예배를 보다가 벨소리가 나면 그 자리에 앉아 중얼중얼 통화를 하는 자도 있다.
교회에서의 모든 예배 활동과 섬김의 활동에 내가 중심이 되어 움직인다. 이들은 헌금을 하여도 대가를 생각하고 나의 일신의 번영을 바라며 기도하고 헌금한다.
이러한 사람들은 창조주 되시고 나를 사망에서 일으키신 하나님아버지께 드려지는 장엄한 예배시간에 자신들이 예배를 보러 와서 하나님 앞에 무슨 죄를 빌하고 있는지 조차 모르고 있다. 나의 죄를 위하여 십자가의 형틀에서 피 흘리며 돌아가신 그분께 감사와 찬양과 영광을 올려드리는 예배시간에 육신의 피로감을 해소하려고 눈을 부치기도 하고 편안한 자세를 취하기도 한다.
아직 나 같은 죄인을 살리시기 위하여 십자가의 형틀에 달려 피 흘려 죽으시고 부활하신 예수 그리스도를 향한 믿음이 없기 때문이다. 하나님의 은혜의 동산에 들어오지 못하였기 때문이다. 내가 주인이 되어 예배를 보고 있는 것이다.

> 사 1:12-13

너희가 내 앞에 보이러 오니 이것을 누가 너희에게 요구하였느냐 내 마당만 밟을 뿐이니라 헛된 제물을 다시 가져오지 말라 분향은 내가 가증히 여기는 바요 월삭과 안식일과 대회로 모이는 것도 그러하니 성회와 아울러 악을 행하는 것을 내가 견디지 못하겠노라

하나님께서는 삶을 다하여 드리는 예배가 아닌 형식적인 예배에 대하여 한탄하시며 내가 견디지 못하겠노니 라고 말씀하신다.

우리는, 성령으로 충만하여 성령의 인도하심과 기도로 만들어진 설교를 들을 때에, 낮아지고 겸손하여 나를 다 버리고 하나님의 말씀을 기도하는 마음으로 들어야 한다. 하나님께서 그를 통하여 말씀하고 계시기 때문이다. 이 책을 읽는 자 모두 교만과 자아를 다 버리고 낮아져서 주님의 음성을 들을 수 있게 되기를 예수님의 이름으로 간절히 소망한다.

하나님께서는 주님의 사람들을 세워 가시며 그들을 성령으로 감동케 하신다. 그들을 통하여 하나님을 나타내시며, 하나님아버지의 말씀과 생명을 공급하신다. 그리고 지금도 세계 도처에 주님의 사람들을 심고 계신다.
주님의 사람들로 하여금 도처에서 영적인 각성과 부흥을 이끌어가게 하신다. 그들을 거울삼아 귀 있는 자들이 듣고 눈이 떠져있는 사람이 보고 부끄러움을 깨닫게 하시며 죄 가운데 빠져있는 '나'를 보게 하신다.

구원은 세상에 속한 자가 하나님께로 돌아오는 것이다. 하나님을 알 수 없는 자가 하나님께로 돌아오려면 먼저 내가 하나님 앞에서 용서받을 수 없는 죄인임을 깨달아야 한다. 내가 왜 죄인이냐고 따지고 싶고 반문하고 싶은 마음이 일어난다면 죄인들을 살리시기 위하여 십자가에 달려 죽으신 성자하나님 예수를 믿을 수 없다.

예수님을 마음으로부터 믿어 나를 사망에서 생명의 건져주신 구세주로 영접한 자는 나에게 들어오신 성령님의 권능으로 다시 태어나게 된다. 영생은 하나님의 생명으로 새롭게 태어난 자가 누리게 되는 축복의 선물이다. 언제 어디서나 어떤 경로를 통해서든지 주님을 바라볼 수 있는 영의 마음이 열린 자는 크나큰 복 안에 있는 자이다.

죄 가운데 처한 자는 하나님을 볼 수 없듯이 예수님이 떠나고 없는 교회도 더 이상 하나님의 교회가 아니다. 세상의 기법과 방식으로 교회를 경영하며 세상적인 욕구를 채워 나아가는 교회에는 예수그리스도의 생명이 없어 영적으로 죽어있는 것이다.
말씀을 통한 하나님의 음성도, 찬양을 통한 하나님의 사랑도, 기도를 통한 하나님 나라의 확장도 주님의 뜻도 알 수 없으며 세상에 속하여 있어서 육의 굴레에 씌어져 있는 것이다.

우상숭배의 교회가 어찌 그의 피값으로 우리를 사신 예수그리스도의 교회일 수 있으랴!

오늘날의 교회가 쇠락하고 몰락하는 이유는 예수 그리스도의 생명을 잃었기 때문이다. 인간이 할 수 있는 일은 세상의 육적인 일 뿐이다. 겸손히 예수그리스도의 십자가 앞에 자복하고 복종과 충성으로 나의 삶을 주님께 온전히 드려 그분의 영광과 기쁨을 위하여 살아갈 때 하나님의 권능과 역사가 나타난다. 하나님의 생명으로 이 땅에 하나님의 빛과 사랑이 선포되며 하나님 나라의 확장이 이루어진다.

마 23:15

화 있을진저 외식하는 서기관들과 바리새인들이여 너희는 교인 한 사람을 얻기 위하여 바다와 육지를 두루 다니다가 생기면 너희보다 배나 더 지옥 자식이 되게 하는도다

이 말씀은 하나님을 증거 하는 자, 예수 그리스도의 구원의 십자가사랑을 전하는 주의 일을 아무나 할 수 없음을 분명하게 말씀해 주신다.
서기관들과 바리새인들은 하나님의 택한 백성 이라는 오만과 자만에 빠져 있는 위선자들이다. 형식과 규례 율법을 지키는데 열정이 있었으나 하나님의 음성에는 둔감하였다.
결국 그들은 우리들의 구세주 예수그리스도를 알아보지 못하고 하나님의 독생자 예수를 십자가의 형틀에 매달아 죽였다. 이들은 지도자들로서 성경과 율법을 백성에게 가르치며 전도에 열심 이었다. 외식에 치중하는 이들의 알맹이 없는 삶, 진리를 외면한 그들의 외식하는 삶이 그들로 부터 전도 받은 자들을 배나 더 지옥자식으로 인도하고 있다고 말씀하신다.

성경은 시대에 따라 변하는 것이 아니다. 성경은 이천년 전이나 지금이나 변함없는 하나님의 진리의 말씀이다. 예전에 적용되던 말씀이 지금에도 지속적으로 적용되는 놀라운 하나님의 생명의 말씀이요 구원의 말씀이다.

우리가 태어난 나라에서 그 나라의 것을 배우고 익히고 전통을 답습하며 살아가듯이 교회도 처음 인도된 곳에서 교회의 문화를 익히고 말씀을 듣고 성경 공부를 하고 신앙생활을 하게 된다.
이는 영적인 일이라 한번 빠지면 좀처럼 나오기 힘든 영의 세계가 있기 때문에 매우 위험하다. 너무나 중요하고도 안타까운 일이다. 이단의 종교에 빠져 지내는 사람들은 그 허구와 폐해를 모르고 늪에 빠져 삶을 이어간다. 그 길이 어디로 가는 길인지도 모르는채..

'이단'은 성경과 다른 것이다. 이렇게 보면 우리 주변에 이단은 널리 퍼져 있다.
하나님아버지께서 주신 생명의 말씀에는 우리를 구원하기 위하여 이 땅에 우리와 같은 육신으로 오셔서 온갖 고초와 멸시와 천대를 다 받으시며 우리의 모든 아픔과 고통과 죄를 짊어지시고, 치욕의 십자가에 돌아가시고 부활하신 예수 그리스도의 십자가 사랑과 구원, 그리고 구원받은 자의 삶, 하나님의 형상으로의 회복에 관한 모든 것이 기록되어있다.

오늘날에도 주님께서 살아계신 음성으로 말씀하고 계신 것을 그대로 듣고 배우는 사람은 그리 많지 않다. 그리스도인은 그리스도의 영을 가진 사람이고 그리스도의 영으로 새롭게 태어난 자는 예수님과 연합된 자로서 예수님의 삶을 좇아 살아가게 되는 생명의 말씀이 왜곡되고 변질되어 생명을 잃은 것이다.

이와 같이 말씀이 주시는 메시지를 잘못 전파하는 것이 이단이다.

성령님께서 깊이 탄식하시고 복음을 왜곡되고 편협하게 전하고 듣는 수 많은 무리들을 불쌍히 여기시며 기도자들을 움직이시어 부르짖고 가슴을 뜯으며 눈물의 기도를 드리도록 인도하신다. 대언자들의 입을 통하여 영적인 회개와 각성을 외치게 하시고 하나님께로 돌아오라고 지금 이 시간에도 말씀해 주고 계신다.

하나님은 그리스도인들에게, 세상에 속한 자들을 향하여, 예수 그리스도의 사랑을 전하고 삶으로 그 사랑을 나타내 보이라고 말씀하신다. 그들을 비난하거나 힐난하지 말라고 말씀하신다. 그들은 영의 눈이 어두워 나를 바로 볼 수 없는 불쌍한 자들이라고 그들을 위하여 기도하라고 말씀하신다.

예수 그리스도의 사람들은 삶으로 예수님을 증거하기 위하여, 육신의 연약함을 이겨내기 위하여, 온전히 성령하나님의 인도하심을 받아야 한다. 연약한 육신의 몸으로는 죄와 어두움으로 부터 자유함을 얻을 수 없기 때문이다. 이 길이 좁은 문으로 들어가는 축복의 길이요 하나님의 영광을 위한 길이다. 이 길이 그리스도인의 길이다.

주님을 볼 수 없는 세상에 속한 삶이 영적인 장애를 가진 삶이다.

이것은 누구의 책임인가?
연약한 육체의 욕심에 이끌려 살아가는 자의 책임인가?

온갖 흉악한 범죄로 교도소에 묶여있는 자들의 책임인가?
소명도 없이 목회자가 되어 그분의 빛과 사랑을 가리고 있는 목회자의 탓인가?
기독교를 비난하고 욕하는 안티 기독교인들인가?
세상의 탐심에 눌려있는 교회의 중직자들 때문인가?
예수를 팔아 자기의 배를 불리는 패역한 자들인가?

이는 우리 모두의 책임이다. 우리의 교회에 예수 그리스도가 없다면 이것은 여전히 죄 가운데 머물러 삼위일체의 하나님을 바라보지 못함으로 충성하지 못하고 순종의 삶을 살아내지 못하기 때문이다.
우리가 할 수 있는 일은 기도 밖에 없다. 나를 주님께 다 내려놓고 나의 모든 것을 다 내려 놓을 때에 주님께서 나의 주인이 되어 주시며 나를 성전 삼아 일하신다.
예수님은 나를 따르려면 자기를 부인하고 자기십자가를 지라고 말씀하신다. 바울사도는 '나는 날마다 죽노라'고 선언하였다. 이는 죄로물든 육신을 예수 그리스도의 십자가에 죽이는 길만이 새로운 생명을 얻는 부활의 길임을 말씀하고 있는 것이다. 육신의 연약함을 지닌 내가 죽지 않고는, 나의 모든 것을 포기하지 않고는, 예수님의 삶을 좇을 수 없다.

> 고전 1:27-28

그러나 하나님께서 세상의 미련한 것들을 택하사 지혜 있는 자들을 부끄럽게 하려 하시고 세상의 약한 것들을 택하사 강한 것들을 부끄럽게 하려 하시며 하나님께서 세상의 천한 것들과 멸시 받는 것들과 없는 것들을 택하사 있는 것들을 폐하려 하시나니

사람은 세상으로 부터 얻은 많은 지식으로 지혜로운 사람이 되고 이에 따른 보상으로 좋은 학교, 일터, 명예, 돈을 얻기도 하고 타인들의 존경의 대상이 되기도 한다.

하지만 하나님은 세상의 미련한 자를 택하사 지혜 있는 자들을 부끄럽게 하려 하신다. 세상의 약한 자들을 택하여 강한 것들을 부끄럽게 하신다.

세상의 것들을 많이 취하고 얻은 자들은 그로 인한 교만함과 만족감으로 또 다른 세상의 것을 탐하며 취하려 함으로 영이신 하나님을 만나는 일이 아주 어렵게 된다. 때로는 이러한 자들을 치시고 깨뜨려 하나님의 영광을 볼 수 있도록 축복하시며 그가 가진 것을 다 바쳐 주의 일에 헌신케 하신다.

가진 것이 많은 자, 나의 자아로 충만한 자, 교만한 자는 하나님을 찾지 않는다. 하나님은 우리를 늘 지켜보시며 바로 문밖에서 우리를 기다리고 계시지만 세상의 죄와 육신의 욕심으로 마음이 어두워져서 하나님의 존재를 깨닫지 못하고 음성과 두드림을 느낄 수 없다.

누구든지 주님의 음성을 듣고 문을 열고 그분을 영접하면 그분과 동행하는 놀라운 축복의 삶 생명의 삶이 바로 옆에 있는 데도 말이다.

계 3:20

볼지어다 내가 문 밖에 서서 두드리노니 누구든지 내 음성을 듣고 문을 열면 내가 그에게로 들어가 그와 더불어 먹고 그는 나와 더불어 먹으리라

> 롬 8:5-9

육신을 따르는 자는 육신의 일을, 영을 따르는 자는 영의 일을 생각하나니 육신의 생각은 사망이요 영의 생각은 생명과 평안이니라 육신의 생각은 하나님과 원수가 되나니 이는 하나님의 법에 굴복하지 아니할 뿐 아니라 할 수도 없음이라 육신에 있는 자들은 하나님을 기쁘시게 할 수 없느니라 만일 너희 속에 하나님의 영이 거하시면 너희가 육신에 있지 아니하고 영에 있나니 누구든지 그리스도의 영이 없으면 그리스도의 사람이 아니라

어떤 사람에게 그리스도의 영이 없으면 그는 그분의 사람이 아니니라고 말씀하신다.

그리스도인은 예수 그리스도의 영이 있는 자이다.
그리스도의 영이 있는 자는 성령하나님의 인도하심에 따라 성령의 소욕으로 삶을 살아가며 성령의 열매들을 맺으며 살아간다. 더 이상 육체의 욕심과 세상의 것들에 의존하지 않는다. 세상의 것들의 노예가 되어 세상에 속한 자로 살아가지 않는다. 하나님 아버지의 영광을 바라보며 그분의 영광과 기쁨을 위하여 살아간다.

만일 나의 삶이 여전히 세상에 속하여 있다면,
육신의 소욕이나 세상의 것들에 마음이 쏠려 있다면,
나의 믿음이 진짜인가? 내가 참 그리스도인인가를 기도함으로써 구해 보아야 할 것이다. 우리의 삶이 육신의 욕심과 그 죄로부터 멀어지고 자유로울 때에 우리는 하나님을 바라볼 수 있게 된다. 하나님께서는 세상

의 없는 것들을 통하여 있는 것들을 부끄럽게 하신다.

❦ 성령의 사람 ❦

아래의 글은 나의 삶이 성령님의 인도하심에 따라 살아가게 됨을 감사와 기쁨으로 말씀을 묵상하며 고백한 신앙이다.

묵상
성령의 기쁨으로 도를 받아(2013. 11. 23)

살전 1:6
또 너희는 많은 환난 가운데서 성령의 기쁨으로 말씀을 받아 우리와 주를 본받은 자가 되었으니

본문의 말씀을 살펴보면 데살로니가 교인들이,
유대주의자들의 박해와 많은 환란가운데서 성령의 기쁨으로 받은 도,
즉 그리스도의 복음을 받아 사도 바울, 실루아노, 디모데를 본받고
예수그리스도를 본받은 자가 되었다 합니다.

고후 1:8-9
형제들아 우리가 아시아에서 당한 환난을 너희가 모르기를 원하

지 아니하노니 힘에 겹도록 심한 고난을 당하여 살 소망까지 끊어지고 우리는 우리 자신이 사형 선고를 받은 줄 알았으니 이는 우리로 자기를 의지하지 말고 오직 죽은 자를 다시 살리시는 하나님만 의지하게 하심이라

그 당시에, 이방인들에게 그리스도의 복음을 전하는 일이
얼마나 힘이 들고 고난을 겪게 되는지를 잘 알게 하는 말씀입니다.

우리들의 삶속에도 하나님의 은혜 없이
우리의 의지와 생각으로 살아갈 때에
세상의 죄악과 고통에 시달리며 살 소망을 잃고
영혼이 메말라 죽어 감을 알 수 있습니다.
하지만 예수그리스도께서 십자가에 달려 죽으시고 부활하심으로
나를 죄와 죽음의 고통에서 새로운 생명으로 건지심을 믿어
예수님을 영접한 자에게 주시는 성령으로 말미암아
우리는 빛의 자녀로 거듭나게 됩니다.

거듭난 자들은 본문에서와 같이 성령의 기쁨으로
십자가 복음의 진리를 깨우쳐
그 십자가에 나도 함께 못 박혀 죽음으로
죽은자를 다시 살리시는 하나님만을 의뢰하며
성령의 인도하심을 기쁨으로 따르게 됩니다.
세상에 속한 자에서 하늘에 속한 자로
주를 본받아 따르는자가 된 것입니다.

> 고전 1:18

십자가의 도가 멸망하는 자들에게는 미련한 것이요 구원을 받는 우리에게는 하나님의 능력이라

십자가의 도는 성령을 받은 하나님의 자녀들에게는 구원의 능력이요
하나님의 생명으로 거듭나는 복음의 비밀이지만
세상과 우상들의 종이 되어 세상에 매이고
자기의 의지와 자아에 집착하는 죄 속에 있는 자들에게는
그 도를 볼 수도 알 수도 없어 미련하게만 보일 뿐입니다.

> 고전 2:12

우리가 세상의 영을 받지 아니하고 오직 하나님으로부터 온 영을 받았으니 이는 우리로 하여금 하나님께서 우리에게 은혜로 주신 것들을 알게 하려 하심이라

예수그리스도를 믿는 자는 성령의 인도하심으로
하나님의 빛과 사랑을 깨우친 하나님의 자녀입니다
세상에 속한 영과 하늘에 속한 신령한 영을 분별 할 줄 아는
빛의 자녀입니다

하나님과의 끊임없는 교제로 세상의 어두움과 사탄의 영들을 물리치고
주님과 동행하는 나의 삶속에 오직 하나님 우리 아버지의 빛과 사랑만이 나타나
죽어있는 많은 영혼들이 주님을 알게 되는 선교의 사명을

우리 모두가 감당케 되기를 간절히 소망합니다.

주님과 동행하는 삶을 이어가기 위해서는 영적 전쟁에서 승리하며 나아가야 합니다. 승리하기 위한 길을 하나님 아버지께서 살전 5:16-19로 말씀하고 계십니다.

항상 기뻐하라.
쉬지 말고 기도하라.
모든 일에서 감사하라.
이것이 그리스도 예수님 안에서 너희에 대한 하나님의 뜻이니라.
성령을 억누르지 말라.
아멘!

나는 10년째로 접어들고 있는 나의 변화된 삶을 잊을 수 가 없다.
나의 삶은 한 순간에 완전히 변회 되었다. 주님의 생명으로 새로운 피조물이 되었다. 세상에 속한 자에서 하늘에 속한자로, 나의 삶의 주인이 나에서 예수그리스도로 바뀌어 진 것이다.
성경의 인물 중에서 바울 사도의 변화와 같이 어느 날, 새벽기도와 함께, 회개의 눈물과 함께 갑자기 변화 되었다. 아침에 눈을 뜨면서 부터 잠이 들 때까지 성령 하나님의 강권으로 삼위일체 하나님 외에는 아무 생각을 할 수 없었다. 이러한 하루하루의 삶 가운데 나는 성화의 길을 걷게 되었다.
예수 그리스도의 삶을 좇는 자로, 하늘에 속한 자로 삼아 주신 하나님아버지께 날마다 감사와 감격의 눈물을 흘리며 만나는 사람들에게 살아 역사하시는 하나님 아버지를 전할 때면 감격이 북받쳐 눈물 없이는 이야기를 이어 나아갈 수 없었다.

이러한 과정 속에서, 나를 억누르고 늘 붙어 따라다니던 죄의 마음과 행동들, 그리고 미움과 증오 그리고 분노의 마음들, 음란하고 퇴폐적인 마음들, 수십 년간 세상을 섬기며 갖게된 우울증과 정신적인 빈곤, 정서 불안과 혼돈, 그리고 의욕상실, 관계 단절 등이 자취를 감추고 자유함을 얻게 되었다. 육신의 연약함으로, 사탄의 집요한 공격으로, 예전의 마음으로 이따금 돌아설 때가 있다. 지난 수십 년 동안 늘 생활해 왔었던 죄의 마음과 육신의 욕심이 나의 마음 한구석을 스멀거리며 들어올 때면 나는 견딜 수 없는 고통을 겪으며 힘들어 하게 되었다.

이때마다 모든 것을 주님께 내려놓고,
"나에게 새로운 생명을 주신 하나님 아버지, 다시는 육신의 소욕으로 세상을 바라보며 살기를 원치 아니하오니 주님의 은혜로 충만케 하시고 성령으로 충만케 하시어 주님께서 주시는 권능으로 날마다 매순간 승리하는 주의 백성으로 지켜 주시고 인도하여 주옵소서. 예수님이름으로 간절히 구하며 기도드립니다. 아멘"
이렇게 기도드릴 때 하나님은 한 번도 거절하지 않으시고 말씀으로 찬양으로 기도 가운데 나를 만져주시며 회복시켜 주신다. 하늘에 속한 주님의 백성으로 하늘로부터 내려오는 주님의 복을 마음껏 누리며 살아계신 하나님 아버지의 증인의 삶을 살도록 인도하신다.
이러한 체험들을 통하여 나는 예수그리스도의 십자가 사랑과 부활을 깨닫게 되었고 나의 육신의 욕심이 십자가에 함께 못 박히며 죽은 내안에 살아계신 성령의 임재하심을 감격으로 느끼는 놀라운 은혜의 체험을 하게 되었다.

말씀 속에 숨겨진 보화를 캐는 마음으로 성경을 묵상하였고 살아 계신 하나님의 음성을 영으로 들으며 말씀을 깨닫게 되었다. 주님은 나의 믿음을 더욱 견고하게 하셨으며, 나의 눈을 가린 베일을 말끔히 벗기시고 맑은 눈으로 주님을 바라볼 수 있는 영의 눈을 주셨다. 예수 그리스도의 영이 함께 하심으로 영을 분별할 수 있는 능력을 주셨다.
사람들의 죽어있는 영혼, 세상가운데 지쳐있는 불쌍한 영혼들을 긍휼의 마음으로 바라보시는 주님을 영으로 바라볼 수 있게 하여 주신다.

고후 3:18
우리가 다 수건을 벗은 얼굴로 거울을 보는 것 같이 주의 영광을 보매 그와 같은 형상으로 변화하여 영광에서 영광에 이르니 곧 주이 영으로 말미암음이니라

죽어 있음으로 하나님을 볼 수 없는 영혼들을 사랑하시고 불쌍히 여기시는 하나님께서 나로 하여금 그들에게 살아계신 하나님을 증거 하게 하시고 변화된 나의 삶을 통하여 예수 그리스도의 빛과 사랑을 비추어 주시고 나누어 주신다.
나의 변화된 삶의 핵심은 예수님께서 내 삶의 전면에 서 계신 것이다. 예수님만 의지하고 바라보며 살아가게 되었다. 성령의 인도하심을 따르는 삶이다.

하나님의 사람들, 성령님께서 함께하시는 그리스도의 사람들은 하나님께서 사용하시는 하나님의 성전이다.
나를 주님의 도구로 삼아 하나님을 나타내시고 죽어있는 영혼들을 살리시는 것이다. 예수 그리스도를 믿는 믿음 안에서 예수님을 나의 구주로 영접한 모두는 하나님의 성전이다.

> **고전 3:16-17**
> 너희는 너희가 하나님의 성전인 것과 하나님의 성령이 너희 안에 계시는 것을 알지 못하느냐 누구든지 하나님의 성전을 더럽히면 하나님이 그 사람을 멸하시리라 하나님의 성전은 거룩하니 너희도 그러하니라

예수님의 사람들은 언제나 예수그리스도의 십자가의 길을 걸어 가기 위하여 육신의 연약함을 유린하려는 사악한 마귀들과 영적인 싸움을 치열하게 하여야 한다. 나의 육신은 죄의 본성으로 가득하니 날마다 매순간 예수그리스도의 십자가에 함께 못 박히는 영적인 승리의 삶을 기도의 힘으로 성령님의 도우심으로 살아내야 한다.
이것이 하나님의 영광과 기쁨을 위하여 살아가는 길이다.

> **갈 2:20**
> 내가 그리스도와 함께 십자가에 못 박혔나니 그런즉 이제는 내가 사는 것이 아니요 오직 내 안에 그리스도께서 사시는 것이라 이제 내가 육체 가운데 사는 것은 나를 사랑하사 나를 위하여 자기 자신을 버리신 하나님의 아들을 믿는 믿음 안에서 사는 것이라

하늘에 속한 자는 거듭난 자이며, 성령의 사람이다.

육신의 죄성으로 연약함 속에 죄와 더불어 살아오던 삶에서 자유함을 입은 자이다.

세상을 쥐고 있는 사탄의 달콤한 유혹에 쉽게 빠져 일시적인 육신의 향락과 복락을 따라 세상을 좇던 삶에서 벗어난 자이다.

하나님의 은혜로 예수그리스도의 십자가 사랑과 죽음 그리고 부활의 뜻을 마음속 깊이 깨달아 그동안 하나님의 말씀에 불순종으로 살아온 삶을 무릎 꿇고 회개하고 하나님께로 돌아온 자이다.

이것이 예수 그리스도와 함께 그분의 생명으로 거듭나는 것이요 죽어있던 나의 영이 부활하신 예수 그리스도와 함께 일으킴을 받아 영원한 생명의 삶을 살아가게 된 것이다.

성령의 사람은 더 이상 육신의 노예가 아니다. 더이상 세상의 노예로 살아가지 않는다. 육신의 욕심으로부터 오는 죄된 마음을 싫어하며 멀리하게 된다. 이것은 나의 의지와 노력으로는 설대로 이루어 실 수 없다. 성령하나님의 도우심으로만 가능하며 하나님의 백성으로 하나님의 자녀로 하나님 나라의 의를 위하여 살아가게 된다. 할렐루야!

이 글을 함께 하는 모두가 하나님께서 은혜로 주시는 성령을 받아 거듭난 생명의 삶을 걸어가게 되기를 주님의 이름으로 간절히 소망한다.

교회는 예수그리스도의 몸이다. 예수 그리스도는 교회의 머리 되신다. 그 몸은 각 지체들로 모여 이루어진다. 예수 그리스도와 접붙여진 자가 교회이며 그들의 모임이 교회이다. 그리스도인이나 그리스도인들의 모임이 교회이며 어느 모임이든지 개인이든지 그 머리이며 주인 되시는 분은 예수그리스도 한 분 이시다. 그래서 그리스도인의 몸은 성전이 되는 것이다. 그리스도께서 머리되시는 하나님의 전이다.

간증

나의 몸은 하나님의 성전 (2013. 04. 24.)

이른 새벽에 눈을 뜨자마자 책상의 의자에 앉아
'하나님 아버지 오늘 하루도
주님의 길을 걸어갈 수 있는 힘을 주시옵소서
오직 주님만을 의지하며 내 안에 사시는 예수그리스도의
마음으로 살아가게 인도하소서'
기도하며 하루를 열어간다.

아내와 한 직장에 다니는데 차 한 대로 움직이려다 보니
아내도 아침 4:30에 같이 집을 나선다. 일터에서 일에 몰두하다보면 잠깐씩 마음에 주님을 놓치는 경우가 있다.
일하면서도, 주님은 이 부족한 자에게 믿음주시고 성령의 소욕으로
세상의 욕심을 물리치며 살아가는 힘을 매일 공급하여 주시는데
나를 향한 주님의 뜻이 무엇인지를 노치지 않으려고
내 앞에서 나를 인도하시는 예수님을 그리며 묵상을 한다.

하지만 밀려오는 일과 일에 집중을 하다보면 예수님의 모습은 내 앞

에 없고 평생 나를 괴롭혀온 쓴 뿌리들이 삐죽삐죽 밀고 올라오며 괴롭힌다.
이럴 때마다 하루 온종일 주만 바라보며 집중할 수 있는 일을 주님께서 원하시는 것인가 하는 마음이 자주 들고는 한다.

하지만 지금은 기도와 말씀을 통하여 주시는 주님의 음성에
반응하며 기다림의 시간이 필요할 때이라는 마음을 주고 계신다.

하나님의 때를 기다리며
내안에 살아 움직이시며 도우시는
성령하나님께서 마음껏 일하실 수 있도록,
죄와 고통과 좌절 속에 있는 곤고한 자들을 위하여
이 땅에 오신 예수 그리스도의 사랑을 실천하며 살아가는 것이다.

이제 나의 몸은 하나님의 성선이니
비록 죄 덩어리의 육신을 입고 있으나
모세혈관 깊숙이 숨어 있는 죄까지도 다 들어내어
성령하나님의 빛과 사랑으로 소멸하며 살아가는 것이다.

세상의 욕심과 죄에 눌린자는 하나님을 볼 수 없음을
말씀과 체험을 통하여 확실히 알았으니
아버지와의 영적인 교통이 끊어져 고통 속에 신음하는 일이 없도록
쉬지 않고 기도하고, 항상 기뻐하며, 주님께 감사의 찬송을 올려드리며
사는 것이다.

'주여~~!
지칠 때 손잡아주시고
기도할 수 있는 마음 주시고
주님을 향한 믿음 잃지 않게 하시며
치유와 회복을 주시는 하나님을 기뻐 찬양합니다.
주님의 영광을 위하여 저의 작은 삶 올려 드리오니
받아 주시옵소서.' 아멘.

5
거듭남의 비밀

하나님의 은혜

하나님께서 당신을 사랑하신다.

요 3:16

하나님이 세상을 이처럼 사랑하사 독생자를 주셨으니 이는 그를 믿는 자마다 멸망하지 않고 영생을 얻게 하려 하심이라

하나님께서는 세상을 이처럼 사랑하신다고 한다. 죄 많은 세상 가운데 살아가는 사람들 모두를 사랑하신다고 한다. 세상의 많은 것을 갖고 누리는 자, 많은 것을 잃고 절망과 좌절의 시간을 지내는 자, 말할 수 없는 아픔과 슬픔과 절망에 싸여있는 자를 현재 우리가 처한 상태 그대로 우리를 사랑하신다.
그리고 이러한 사랑을 나타내시기 위하여, 실행하시기 위하여 하나밖에 없는 독생자 예수 그리스도를 이 땅에 보내셨다. 육신의 연약함으로 죄 가운데 살며 영적으로 죽은 자의 삶을 살아가고 있는 우리들을 불쌍히 여기시고 크신 사랑으로 구원하시기 위함이다. 할렐루야~~!

말씀에서 보면 그를 믿는 자는, 즉 예수 그리스도를 믿는 자는 멸망하지 않고 영존하는 생명을 얻게 하려 하신다. 여기에서 예수님을 믿는다는 것은 무엇을 믿는 믿음인가?
예수님이 십자가에서 돌아가신 것은 특별한 사람, 세상에서 착하고 의롭게 살아가는 사람, 일 열심히 하며 남을 도우며 남에게 선을 베푸는 사람들을 위해서만 일까? 이러한 사람들의 마음에는 죄가 없을까?
하나님 앞에서의 죄는 하나님께서 원래 지으신 형상대로 살아가지 못하는 것이다. 이 세상의 어느 누구도 육신이 지닌 죄성으로 인하여 하나님의 형상을 닮은 자로 살아갈 수 없다. 하나님 앞에서 모든 사람이 죄인이라는 말이다.

이 말씀을 의아하게 생각하고 받아드릴 수 없다고 이야기 하는 자들이 있다.
어떻게 아무것도 모르는 아이들이 죄인인가?
그들은 커가며 선악을 분별할 줄 알아가는 것이 아닌가?
한 번도 죄 지은 일이 없고 학교에서도 모범생이요 졸업 후 일터에서도 집과 일 밖에는 가는 곳도 없고 어려운 자들을 도우며 지냈는데 이 세상에 죄 없는 사람이 없다니.. 뭐가 잘못된 것 아니냐며 반문하는 자들이 있을 수 있다.

요일3:15

그 형제를 미워하는 자마다 살인하는 자니 살인하는 자마다 영생이 그 속에 거하지 아니하는 것을 너희가 아는 바라

예수님은 우리들에게 마음으로 지은 죄도 죄라고 말씀하신다.
아무것도 모르고 순결해 보이는 어린 아가들이 둘이 놀다가 한 아이가 욕심을 내어 상대방 아이가 갖고 있는 장난감을 빼앗아 버렸다. 빼앗긴 아이는 화가 나고 슬피 우는 경우도 있겠지만 대부분은 다시 빼앗으려 안간힘을 쓰다가 뜻대로 안되면 상대 아이를 화가 담긴 손으로 때리게 된다.

하나님은 하나님의 형상으로 지음 받은 우리가 하나님의 형상을 따라 살아가지 못하고 사탄의 덫에 매여 육신이 지니고 있는 죄의 마음으로 살아가는 것을 죄라고 말씀하신다.
세상을 향한 마음으로 육신의 욕심에 따라 살아가는 것을 피하고 말씀하신다. 이는 하나님께 대한 불순종의 삶이다. 하나님께서 지으신 본래의 목적대로 살아 갈 수 없음이 죄이다.

영적으로 죽어 있으며 죄 가운데 살아갈 수밖에 없는 우리를 영원한 생명을 가진 자로 구원하시기 위하여 예수님은 이 땅에 오시었다. 이 땅에서 살아가는 모든 자의 죄를 다 짊어지시고, 그 치욕의 십자가에 못 박히시고 피 흘려 죽으셨다. 그리고 죽으신지 사흘 만에 죽은자 가운데서 다시 살아나셔서 하나님 보좌 우편에 앉으셨다.

우리가 예수님을 믿는다는 것은 바로 이것을 믿는 믿음이다. 예수님께서 나의 죄를 대신하여 십자가에서 돌아가시고 부활하셨음을 믿는 것이다. 이와 같은 하나님 아버지의 은혜로 나의 죄는 깨끗이 사함을 받은 것을 믿는 것이다. 이 믿음은 내가 하나님께 용서받을 수 없는 죄인임을 깨닫는 것으로부터 시작된다.

빌 2:5
너희 안에 이 마음을 품으라 곧 그리스도 예수의 마음이니

예수 그리스도는 스스로 무명한 자가 되어 종의 형체를 취하시고 사람의 모양으로 이세상의 낮고 낮은 말구유로 오시었다. 그리고 성부 하나님께 죽기까지 순종하시어 십자가에 달려 죽으셨다. 나 같은 죄인을 살리시기 위하여 목숨까지 내어주신 완전하신 사랑이다.

하나님은 예수님을 믿는 그리스도인들이 죄 가운데 살고 있는 삶을 떠나 하나님께로 돌아오기를 바라고 계시다. 그 마음의 중심에 예수 그리스도의 마음을 품으라고 말씀하신다. 예수님은 겸손하시고 온유하시며 사랑이 많으신 분이시다.

그리스도인은 예수님을 믿는 믿음으로 그분의 부활과 함께 사망에서 새로운 생명으로 새롭게 태어난 자이다. 예수님과 연합된 자로서 예수그리스도의 마음을 본받아야 한다. 예수님은 이 땅에 오셔서 하나님의 형상을 우리에게 분명하게 보여 주셨다.

예수님을 믿는 믿음으로 구원 받은 자는 세상을 따르지 않는다. 육체의 소욕대로 살아가지 않는다. 하나님께서는 당신이 예수님을 닮은 자로 살아가기를 원하신다. 하나님께서 당신을 지으신 원래의 목적대로 하나님의 형상을 닮은 자로 살아가며 하나님의 기쁨을 위하여 그분의 영광을 위하여 살기를 원하신다.

어떻게 하면 예수 그리스도를 닮은 자로 살아갈 수 있을까?

마 11:28
수고하고 무거운 짐 진 자들아 다 내게로 오라 내가 너희를 쉬게 하리라

어려서부터 듣던 이야기가 있다. '사람이 물에 빠져서 허우적거릴 때 수영을 잘 할 지라도 빠진 사람이 다 지칠 때까지 보고만 있어라. 다 지쳐 아무것도 하지 못할 때 들어가 건져 내라' 는 말을 들었다. 사람이 물에 빠져 자기 힘으로 살아보겠다고 인간힘을 쓸 때는 아주 힘이 센 사람이 구하러 들어간다고 해도 빠진 사람의 힘이 겨워 함께 빠져 죽는 일이 벌어진다.

우리는 세상의 것을 바라보며 잘 살아보려고 여러 가지의 방법을 동원해가며 안간힘을 쓰며 살아가지만 이 세상의 것으로는 채워도, 채워도 채워지지 않는 육신의 욕심으로 늘 주변 사람들과 비교하며 자만과 승리감에 취할 때도 있고 열등감으로 좌절과 슬픔을 지니고 살아가기도 한다. 인생은 정처 없는 나그네 길의 연속이다. 생로병사의 길에서 시간을 보내다가 누구나 다 죽음을 맞게 된다.

우리가 자신의 힘으로 세상을 살아가며 내가 나의 삶의 주인이 되어 살아가는 삶에는 창조주 하나님의 존재를 바라볼 수 없게 된다. 교회에 다니며 몸과 마음과 물질을 다하여 열심으로 섬기고 봉사 하여도 그 중심에 내가 살아 있다면 하나님을 만날 수도 볼 수도 없는 것이다. 그 곳에는 이미 하나님께서 계시지 않기 때문이다.

나의 모든 것을 내려놓고 하나님만을 의지할때 하나님께서 나의 주인이 되어 주시며 나를 생명의 길로 인도하신다. 내 삶의 주인이 내가 아닌 예수그리스도로 바뀐다.

골 2:12

너희가 세례로 그리스도와 함께 장사되고 또 죽은 자들 가운데서 그를 일으키신 하나님의 역사를 믿음으로 말미암아 그 안에서 함께 일으키심을 받았느니라

예수님을 믿는 믿음은 하나님께서 주시는 최고의 선물이요 은혜이다. 하나님의 은혜로 갖게 되는 이 믿음의 길을 걸어갈 때 성령하나님의 인도하심으로 예수님을 닮은 자로 하나님의 형상을 따라 살게 되는 복을 누리게 된다.

육신의 옷을 입고 사는 우리들 모두는 너무나 무겁고 힘겨운 짐을 지고 살아가고 있다. 빈곤과 선천적인 장애 등 어려운 환경에서 태어난 짐이 있다. 여러 가지로 열악한 환경을 가진 나라에서 태어난 짐이 있다. 깨어진 가정에서 힘들게 자라온 짐이 있다. 소용돌이치는 죄의 본성들로 인한 짐이 있다.

순간적인 희열과 쾌락에 마음을 빼앗겨 빠져들게 되는 각종 중독으로부터 오는 짐이 있다. 원치 않는 육신의 병과 마음의 병 그리고 정신적 질병으로부터 오는 짐이 있다. 미래에 대한 불안과 걱정으로부터 오는 짐이 있다. 가족이나 친구 또는 이웃하는 사람들과의 관계의 어려움으로 오는 짐이 있다. 이세상이 가져다주는 짐으로 부터 자유로운 사람은 단 한명도 없다.

예수님은 이 모든 무거운 짐을 진 자들에게 다 내게로 와서 짐을 내려놓고 나에게 맡기라고 말씀하신다. 내가 진 모든 짐, 다시 말해서 나의 생각과 의지로 살아가는 나의 삶을 다 내려놓고 예수님만 의지하며 그분께 모든 것을 맡기라고 말씀하신다.
모든 것을 주님께 맡길 때, 예수님께서 나의 삶의 주인이 되시어 나의 길을 인도하신다. 그 길에는 빛과 사랑이 있는 평안과 축복과 영원한 생명이 있음을 믿는다. 할렐루야!

이와 같이 예수그리스도를 나의 구주로 영접하여 그를 믿는 믿음 안에서 예수님의 인도하심을 따라 살아간다는 것은 놀랍고도 초월적인 축복이며 은혜이다.
현재의 나의 삶이 어떠하든지, 부자이든지 가난하든지, 건강하든지 병든 자이든지, 옥에 있든지, 각종 중독에 시달리고 있든지 상관하지 않으신다. 하나님 앞에 자기가 죄인임을 고백하고 예수님의 십자가 사랑을 믿고 그를 구주로 영접한 자의 모든 죄를 깨끗하게 사해 주신다.
한없는 은혜와 축복으로 돌보아 주시며 하나님께서 주시는 평안으로 천국의 삶을 누리게 하신다. 죽은 후에는 마음의 고통과 고난이 없는 천국에서 주님을 마음껏 찬양하며 영원한 생명의 삶을 누리게 되는 것이다.

지금, 이 글을 읽고 있는 당신을 포함한 모든 사람은 하나님의 특별한 사랑을 받고 있다. 하나님은 한 사람, 한 사람에게 하나님의 영원한 생명을 주시기를 원하신다.

그러나 내가 이러한 하나님의 사랑의 음성을 듣지 못함으로 마음의 문을 열지 않는다면 성령님께서 나에게 들어오시지 않는다. 나에게 하나님의 권능이 임할 수 없다.

예수그리스도께서 나를 구원하시기 위하여 나 대신 십자가에서 돌아가시고 부활하셨음을 믿고 그분을 구주로 영접하자! 그리고 성령님의 임재를 구하자! 모든 짐을 주께 맡기고 그분께 순종하자!

그리하면 성령하나님께서 나의 모든 아픔과 상처를 만져주시고 위로해 주실 것이다. 내가 아무리 오랫동안 힘들고 지쳐 있을지라도 그 뿌리를 뽑아주시고 치유케 하실 것이다. 그리고 나를 새롭게 세워 주실 것이다.

거듭남

거듭남이라는 단어는 그 자체를 이해하기가 매우 어렵다. 도대체 엄마 뱃속에서 자라서 태어났는데 어떻게 다시 태어난다는 말인가?

거듭남은 죄와 사망의 길로부터 하나님의 왕국으로 돌아오기 위한 관문이다. 거듭남은 영이신 하나님의 백성이 된 증거라는 것을 성경은 말씀하신다. 또한 거듭남은 하나님을 알 수 없는 영적인 장애로부터 벗어나는 필수적인 관문이다.

거듭남을 영어로는 'born again' 혹은 'reborn'으로 표기한다. 문자 그대로 다시 태어나는 것이다.

영이신 하나님께서 영적으로 죽어있고 회생이 불가능 한 것처럼 하루하루를 덧없이 보내던 나에게 새로운 생명을 주셨다. 성령님의 인도하심으로 전혀 새롭게 태어난 삶을 살아가게 인도하신다. 완전하신 하나님의 은혜로 기적같이 다시 태어난 것이다. 하나님께서는 이러한 그리스도인들을 도처에 세우시고 살아계신 하나님 아버지를 증거 하게 하신다.

성자 예수 그리스도의 십자가의 사랑과 죽음과 부활을 통하여, 그분을 믿는 믿음으로 나의 모든 죄를 사함 받고 내가 나의 주로 영접한 그리스도의 영의 인도하심을 받아 하나님의 백성으로 새로운 삶을 살게 하신다.

사탄은 하나님의 사람들을 집중 공격한다. 사탄은 하나님의 권능을 받아 주님의 자녀로 날마다 매순간 승리하는 주님의 사람들을 두려워한다. 육신의 욕심을 따라 세상을 바라보며 살아가는 사람은 얼마든지 유혹하여 넘어뜨릴 수 있지만 성령님의 인도하심을 받는 하나님의 사람들은 성령님의 도우심으로 하나님의 권능을 받아 육신의 정욕과 마귀의 세력과의 싸움에서 승리하기 때문이다. 쉽게 농락하던 사람을 좌지우지 못하게 되는 것을 사탄이 가만히 두고 볼 수 없는 것이다. 이와 같이 하나님의 사람들은 사탄의 끊임없는 유혹과 집요한 방해 공작에 직면하고 있다.

거듭난 하나님의 백성은 하나님의 보호하심과 성령님의 인도하심으로 이러한 덫에 빠져도 그 늪에 잠기지 않고 빠져나와 하나님과의 영적인 교제를 지속하며 말씀과 찬양과 기도로 예배의 삶을 지속할 수 있게 된다.

성령 충만하고 거듭난 삶을 이어가는 사람들에게 가장 위험한 유혹 중의 하나는 교만한 마음이다. 하나님의 권능으로 승리의 삶을 살아가지만 사탄은 그것이 나의 힘인 것으로 오인하게 만들고 교만한 자로 남을 비판하고 정죄하는 자로 넘어지게 하려한다.

나도 이 같은 덫에 걸려 고통의 시간들을 수차례 겪게 되었다. 하나님은 교만한 자를 절대로 주님의 일에 쓰시지 않는다. 이를 잘 알고 있는 나 역시 늘 깨어 기도함으로 주님을 놓치지 않게 도와 달라는 기도를 드리게 된다.

전능자 하나님과 함께하지 못하며 살아가는 삶은 너무나 힘들고 고통스럽기 때문이다. 나에게 거듭나기 전의 옛사람의 모습이 다시 드러나며 주님의 임재를 잘 느낄 수 없고 기도가 안 되고 말씀에 집중 할 수 없는 상황이 오면 너무나 갑갑하고 힘이 든다. 거듭 태어나기 전의 삶은 수십 년간 언제나 그리하였었다.

거듭남은 하나님의 초월적인 복이다.

눅 15:24

이 내 아들은 죽었다가 다시 살아났으며 내가 잃었다가 다시 얻었노라 하니 그들이 즐거워하더라

눅 15장에서 예수님의 말씀을 듣기 위하여 세리와 죄인들이 가까이 나아올때 바리새인과 서기관들이, 성경을 가르치고 리더로서 하나님의 율법을 잘 지키고 있노라고 스스로 의롭다하며 교만에 빠져있던 자들이, 예수님을 원망하며 이 사람이 죄인들을 받아들이고 그들과 함께 먹는다고 말하였다.

예수님께서는 이들에게 잃어버린 양에 대하여 말씀하시며 한 죄인이 회개하면 하나님의 천사들 앞에서 기쁨이 있느니라 라고 말씀하시며 잃었던 것에 대한 비유를 말씀하셨다.

이 성경구절은 이 탕자의 비유에 나오는 말씀이다.
어떤 자에게 두 아들이 있었는데 그 둘째가 아버지에게 자기 몫의 재산을 미리 달라고 하여 그것을 가지고 먼 나라로 가서 방탕한 생활로 탕진한 이야기 이다. 그가 재산을 다 탕진한 후에, 그 나라에 큰 흉년이 들어 매우 궁핍하게 되있다. 그가 돼지를 지는 일을 하게 되었는데 돼지 사료로 배를 채우려 하여도 그조차 주는 자가 없는 비참한 지경에 이르게 된다. 이 둘째 아들은 아버지 집으로 돌아가서 하나님과 아버지에게 지은 죄를 고백하고 아버지에게 품꾼으로 받아주기를 청하게 된다. 아버지는 그를 반갑게 입맞춤으로 맞아 값비싼 옷으로 갈아입히고 살진 송아지를 잡아 잔치를 벌이며 이 내 아들은 죽었다가 다시 살아났으며 그를 잃어버렸다가 찾았노라 하며 즐거워한다.
세상에서 방탕의 생활을 하며 하나님을 등진 채로 육체의 소욕에 노예된 생활을 하다가 이를 회개하고 하나님께로 돌아온 탕자의 비유이다. 아들이 죽었다가 다시 살아났다고 말하고 있다. 회개하여 하나님 아버지께로 돌아와 그분의 생명을 얻고 새롭게 태어남을 보여 주고 있다.

거듭남이란 세상을 향하여 있던 육신의 죄로 물들어 있던 자가 회개하고 주님께로 돌아오는 것이다. 회개한 탕자는 하나님의 생명으로 거듭 태어나 세상을 향하던 삶이 하나님 중심의 삶으로 바뀌어 진다.
그분을 예배하며 그분의 영광을 위하여 살아가는 삶으로 바뀐다. 하나님을 알 수 없는 자에서 영이신 하나님과 기쁨의 교제를 나누는 자로 영적인 장애가 말끔히 걷힌 자로 바뀌어 진 것이다.

요 3장에는 예수님과 예수님을 찾아온 바리새인 유대 관원 니고데모와 거듭남에 대하여 주고받는 내용이 있다. 수많은 설교자들이 이 말씀을 인용하여 거듭남에 대하여 설교해 오고 있다.

요 3:3
예수께서 대답하여 이르시되 진실로 진실로 네게 이르노니 사람이 거듭나지 아니하면 하나님의 나라를 볼 수 없느니라

하나님나라에 들어가기 위해서는 반드시 거듭나야 함을 예수님께서 말씀하신다.
이에 니고데모는 사람이 늙어서 어떻게 다시 날 수 가 있는가? 두번째 모태에 들어갔다 나올 수 있느냐고 엉뚱한 질문을 한다. 니고데모는 유대인의 지도자요 뛰어난 율법선생 이었다고 한다. 그리고 예수께 찾아올 때에 예수님은 하나님으로부터 오신 선생으로 믿는 믿음이 있었고 하나님께서 함께 하시지 않고는 그러한 기적을 나타낼 수 없다고 믿고 있었다.

유대인들의 영적인 지도자인 그가 거듭남에 대하여 엉뚱한 질문을 하는 것을 보면 그가 거듭나지 않은 상태임을 알 수 있다. 영적인 눈이 가리어져 있음을 알 수 있다.

요 3:5-8

예수께서 대답하시되 진실로 진실로 네게 이르노니 사람이 물과 성령으로 나지 아니하면 하나님의 나라에 들어갈 수 없느니라 육으로 난 것은 육이요 영으로 난 것은 영이니 내가 네게 거듭나야 하겠다 하는 말을 놀랍게 여기지 말라 바람이 임의로 불매 네가 그 소리는 들어도 어디서 와서 어디로 가는지 알지 못하나니 성령으로 난 사람도 다 그러하니라

예수님께서 니고데모에게 하나님의 왕국에 들어가려면 반드시 물과 성령으로 다시 태어나야 한다고 말씀하신다. '물과 성령'은 사람마다 해석의 차이가 있을 수 있지만 넓게 보면 하나님으로 부터 오는 은혜 안에 있다고 볼 수 있다.

요 4:14

내가 주는 물을 마시는 자는 영원히 목마르지 아니하리니 내가 주는 물은 그 속에서 영생하도록 솟아나는 샘물이 되리라

여기에서 '내가 주는 물'은 우리에게 주시는 일용할 영의 양식인 말씀으로 보아도 무리가 없을 것이다.

우리는 매일 말씀을 묵상하며 말씀으로 무장하여 살아갈 때 영생하도록 솟아나는 샘물을 마시게 됨으로 영원히 목마르지 않고 영원한 생명의 삶을 살아가게 됨을 말씀하신다.

성령에게서 난 것은 성령하나님의 도움으로 거듭나는것을 말씀하신 것이다. 물인 말씀과 성령님의 인도하심으로 우리는 세상에 속한 자에서 하나님께 속한 주님의 백성으로 거듭나게 된다. 이어서 **"육에서 난 것은 육이요 성령에게서 난 것은 영이니 거듭나야 한다는 말에 놀라지 말라"** 고 니고데모에게 말씀하신다.
육에 속한 것과 영에 속한 것이, 세상에 속한 것과 하늘나라에 속한 것이, 죄의 삶과 은혜의 삶이, 거듭나기 이전의 삶과 거듭난 후의 삶으로 설명이 된다. 옛사람과 새사람의 구분이다.

성령이 바람이 임의로 부는 것과 같듯이, 성령으로 난 사람도 성령의 역사로 인하여 이루어지며 하나님의 절대적인 주권으로 우리가 알 수 없다고 말씀하신다.

거듭남은 초월적인 절대자 하나님의 주권으로 일어나는 것으로 육에 속한 우리들의 육적인 눈으로 알 수 없음을 말씀하신다.

이것은 거듭남 자체가 초월적인 일이고 초자연적인 결과를 가져오게 함을 알게 한다.

고후 5:17

그런즉 누구든지 그리스도 안에 있으면 새로운 피조물이라 이전 것은 지나갔으니 보라 새 것이 되었도다

말씀에서와 같이 물과 성령으로 거듭난 자는 하나님의 새로운 창조물이다. 리모델을 한 부분적인 변화와 고쳐짐이 아니라, 예전 것을 모두 부수어 없애고 새롭게 지어졌음을 말씀하신다.
이전에 육체의 소욕을 따르던 죄와 세상의 것에 속하여 있던 내가 새롭게 하나님의 생명으로 태어나 성령의 소욕을 따라 예수그리스도와 접붙여 진 자로 예수님을 닮은 자로 살아가게 됨을 말씀하신다.

농부이신 하나님께서 가꾸시는, 포도나무인 예수님께 접붙혀져서 그 가지가 되어 예수님의 지체로서 그분과 함께 부활한 삶을 살아가게 된다. 이러한 거듭난 자의 삶이 그리스도인의 삶이요 예수그리스도를 나의 †수로 영접한자의 삶이요 예수님을 믿는자의 삶이다.

하나님의 은혜로 거듭나게 될 때 우리는 우리의 영의 눈을 가렸던 베일(장애)이 벗겨지며 삼위일체의 하나님의 생명으로 호흡하며 그분의 기쁨과 영광을 위하여 나의 삶을 드리게 된다. 하나님의 형상을 회복하여 이 땅에서 육신의 옷을 입고 그리스도인으로 살아가는 동안 성화되어 가며 하늘나라의 영광에 동참하게 되는 것이다. 영원한 생명의 삶으로.

거듭남의 삶에는 반드시 회개가 있어야 한다.

> 딛 3:3-5

우리도 전에는 어리석은 자요 순종하지 아니한 자요 속은 자요 여러 가지 정욕과 행락에 종 노릇 한 자요 악독과 투기를 일삼은 자요 가증스러운 자요 피차 미워한 자였으나 우리 구주 하나님의 자비와 사람 사랑하심이 나타날 때에 우리를 구원하시되 우리가 행한 바 의로운 행위로 말미암지 아니하고 오직 그의 긍휼하심을 따라 중생의 씻음과 성령의 새롭게 하심으로 하셨나니

거듭나기 전의 우리 모습은 어리석고 불순종하며 속임을 당하고 여러 가지 정욕과 쾌락의 종이 되어 섬기며 악의와 시기 가운데 살고 증오하며 서로 미워하였으나 라고 말씀하신다. 하나님의 형상으로 지음받음을 알지 못한 채 육신의 정욕과 사탄의 유혹에 따라 불순종의 삶을 살아감을 말씀하신다.

거듭남의 삶에는 이전의 삶에 대한 회개가 반듯이 있어야 한다. 나를 이 땅에 보내주신 하나님의 존재를 알지 못하고 죄와 육체의 종노릇하며 불순종으로 살아온 죄 된 삶을 하나님 앞에서 자복하고 회개해야 한다. 하나님의 자비와 사랑으로 우리를 구원하시되 우리가 행한 의로운 행위로 하지 아니하시고 다시 태어남의 씻음과 성령님의 새롭게 하심으로 하셨다고 한다.

다시 태어남의 씻음과 성령님의 새롭게 하심은 하나님의 은혜로 성령세례를 받는 것이다. 성령하나님의 도움 없이는 영적 장애를 지닌 이전의 육과 세상에 속한 죽은 자의 삶에서 하나님의 생명으로 새롭게 태어나 예수그리스도와 함께 일으키심을 받은 살아 있는 자로 살아갈 수 없다. 하나님을 볼 수 없는 영적인 장애로부터 회복되어 하나님께서 준비하여

놓으신 은혜의 동산에서 새로운 삶을 살아갈 수 없다.

예수그리스도의 보혈의 공로로 죄 씻음을 받고 '성령님의 새롭게 하심'으로 날마다 기도와 말씀묵상을 통한 하나님과의 교제와 이를 통해 공급하여 주시는 하나님의 은혜로 새롭게 변화되며 하나님의 형상으로 변화되는 것이다.

> 전 1:8

모든 만물이 피곤하다는 것을 사람이 말로 다 말할 수는 없나니 눈은 보아도 족함이 없고 귀는 들어도 가득 차지 아니하도다

성령세례는 거듭남의 과정에 꼭 필요하다. 예수그리스도께서 물과 성령으로 거듭나지 않으면 하나님 나라에 들어갈 수 없다고 말씀하신다.

예수님은 부활 후 40일 동안 하나님 나라의 일을 말씀하셨으며, 승천하시기 전에 사도들에게 분부하셨나. 예루살렘을 떠나지 말고 아버지의 약속하신 것 곧 성령세례를 기다리라고 말씀하셨다. 오직 성령님께서 너희에게 임하신 후에 너희가 권능을 받고 예루살렘과 온 유대와 사마리아에서 그리고 땅의 맨 끝 지역까지 이르러 나를 위한 증인이 되리라고 말씀하셨다.

오순절 날, 마가의 다락방에서 이 말씀을 믿고 기도에 힘쓰며 기다리던 이들에게 성령이 임하여 성령의 충만함을 받게 되었다. 이들은 성령의 권능을 받아 살아계신 하나님의 증인이 되어 복음을 전파하였다.

이들은 성령세례를 받고 성령의 충만함을 입었다. 창조주 하나님 아버지, 십자가에 달린 후 부활하신 예수 그리스도, 보혜사 성령하나님에 대한 초월적인 믿음이 이들에게 임하였다.

> 요 14:15-21

너희가 나를 사랑하면 나의 계명을 지키리라 내가 아버지께 구하겠으니 그가 또 다른 보혜사를 너희에게 주사 영원토록 너희와 함께 있게 하리니 그는 진리의 영이라 세상은 능히 그를 받지 못하나니 이는 그를 보지도 못하고 알지도 못함이라 그러나 너희는 그를 아나니 그는 너희와 함께 거하심이요 또 너희 속에 계시겠음이라 내가 너희를 고아와 같이 버려두지 아니하고 너희에게로 오리라 조금 있으면 세상은 다시 나를 보지 못할 것이로되 너희는 나를 보리니 이는 내가 살아 있고 너희도 살아 있겠음이라 그 날에는 내가 아버지 안에, 너희가 내 안에, 내가 너희 안에 있는 것을 너희가 알리라 나의 계명을 지키는 자라야 나를 사랑하는 자니 나를 사랑하는 자는 내 아버지께 사랑을 받을 것이요 나도 그를 사랑하여 그에게 나를 나타내리라

보혜사 성령은 진리의 영이시요, 세상은 성령을 받아들이지 못하나니 이는 세상이 그분을 보지도 못하고 알지도 못하기 때문이라고 말씀하신다.

성령 하나님은 예수그리스도 대신 그를 믿고 따르는 자에게 임하시어 세상이 그를 움직이지 못하도록 함께 거하시며 고아와 같이 버려두지 않으신다. 이 얼마나 기막힌 사랑이요, 변함없는 하나님 아버지의 언약의 성취인가!

하나님의 백성은 하나님을 안다. 성령님의 내주와 일하심으로 나의 영의 눈이 열리어 가까이 서서 기다리시는 하나님을 볼수 없던 영적인 시각 장애로부터 벗어나게 된다.

이 어마어마한 축복이 예수그리스도를 나의 구주로 믿고 영접한 하나님의 자녀들에게 주어지는 특권이다. 하늘로부터 오는 평화와 기쁨을 누리는 축복의 삶이다.

예배

예배는 무엇인가?

막 12:29-31

예수께서 대답하시되 첫째는 이것이니 이스라엘아 들으라 주 곧 우리 하나님은 유일한 주시라 네 마음을 다하고 목숨을 다하고 뜻을 다하고 힘을 다하여 주 너의 하나님을 사랑하라 하신 것이요 둘째는 이것이니 네 이웃을 네 자신과 같이 사랑하라 하신 것이라 이보다 더 큰 계명이 없느니라

막 12:33

또 마음을 다하고 지혜를 다하고 힘을 다하여 하나님을 사랑하는 것과 또 이웃을 자기 자신과 같이 사랑하는 것이 전체로 드리는 모든 번제물과 기타 제물보다 나으니이다

마가복음에서 주시는 말씀은 첫째와 둘째 계명이 사랑이라고 말씀하신다. 첫째는 주 네 하나님을 사랑하라이며 둘째는 네 이웃을 네 자신과 같이 사랑하라이다.

이어서 예수님께 질문을 던진 서기관이 예수님의 말씀을 들은 후 예수님께 여쭌 말이 '마가복음 12:33'에 나와 있다. 마음을 다하고 지각을 다하고 혼을 다하고 힘을 다하여 그분을 사랑하는 것과 자기 이웃을 자신과 같이 사랑하는 것이 전체를 드리는 번제 헌물과 희생물을 다 합친 것보다 나으니이다.

제사나 예배보다 사랑이 먼저 임을 말씀하신다. 하나님은 사랑이시기 때문이다. 우리가 드리는 예배도 중요하지만 무엇보다도 사랑이신 하나님의 말씀을 삶 가운데 실천하여 하나님을 사랑하고 이웃을 내 몸과 같이 사랑하는 것이 모든 제사와 번제물 보다 나은 것임을 고백하고 있다. 예수님을 따르는 삶이 온 몸과 마음을 다하여 신령과 진정으로 드리는 예배이다.

요일 4:7-11

사랑하는 자들아 우리가 서로 사랑하자 사랑은 하나님께 속한 것이니 사랑하는 자마다 하나님으로부터 나서 하나님을 알고 사랑하지 아니하는 자는 하나님을 알지 못하나니 이는 하나님은 사랑이심이라 하나님의 사랑이 우리에게 이렇게 나타난 바 되었으니 하나님이 자기의 독생자를 세상에 보내심은 그로 말미암아 우리를 살리려 하심이라 사랑은 여기 있으니 우리가 하나님을 사랑한 것이 아니요 하나님이 우리를 사랑하사 우리 죄를 속하기 위하여 화목 제물로 그 아들을 보내셨음이라 사랑하는 자들아 하나님이

이같이 우리를 사랑하셨은즉 우리도 서로 사랑하는 것이 마땅하도다

영영 지옥 불에서 헤어날 길이 없는 우리를 영원한 생명의 길로 인도하신 하나님께 감사와 찬양을 올려 드리며 삶을 그분의 기쁨과 영광을 위하여 올려 드리는 것이 예배이다. 사랑이신 하나님을 닮아 하나님을 사랑하고 이웃을 내 몸과 같이 사랑하는 삶이 하나님께서 기쁘게 받으시는 예배자의 삶이다.
하나님은 삶을 온전히 드려 하나님을 찬양하는 예배자를 찾으신다.

창 4:3-6

세월이 지난 후에 가인은 땅의 소산으로 제물을 삼아 여호와께 드렸고 아벨은 자기도 양의 첫 새끼와 그 기름으로 드렸더니 여호와께서 아벨과 그의 제물은 받으셨으나 가인과 그의 제물은 받지 아니하신지라 가인이 몹시 분하여 안색이 변하니 여호와께서 가인에게 이르시되 네가 분하여 함은 어찌 됨이며 안색이 변함은 어찌 됨이냐

창조주 하나님을 향한 경배는 사람의 창조된 본성에서 나온다. 그렇게 창조되었기 때문이다. 늘 절대자를 찾으며 구하는 삶속에 있다.
하나님께 대한 불순종으로 에덴동산에서 쫓겨난 아담과 하와에게 가인과 아벨 두 아들이 있었다. 가인은 농사짓는 자이고 아벨은 양 치는 자였다. 가인은 땅의 열매 중에서 헌물을 가져와 주께 드렸고 동생 아벨은 양의 첫 새끼들과 그것들의 기름으로 드렸다.

주께서 아벨과 그의 헌물에는 관심을 갖으셨으나 가인과 그의 헌물에는 관심을 갖지 아니하셨으므로 가인이 몹시 분을 내고 그의 얼굴빛이 변하니라고 말씀하신다.

말씀으로 미루어 보아 가인이 드린 제물의 중심에는 가인이 있음을 볼 수 있다. 가인은 자신이 시퍼렇게 살아있다. 제물을 받지 아니하시는 여호와께 감히 대적하고 있는 것이다. 여호와 하나님의 기쁨을 위하여 순전히 드린 것이 아니고 그 제사를 통하여 가인 자신의 평안이나 유익을 구하고 있었을 것이다. 기대와는 다른 뜻밖의 상황에 심히 분개하고 있다. 동생 아벨의 제물이 열납 된 것을 시기하며 분을 내고 있다.

아벨은 양 떼의 첫 새끼들과 그것들의 기름 중에서 드렸고 그 제물은 여호와 하나님께서 열납하셨다. 우리는 여기에서 첫 새끼를 드린 아벨의 마음을 읽을 수 있다. 그의 삶의 중심은 본인이 아니고 여호와 하나님인 것을 알 수 있다. 소중한 첫 소산을 주님께 정성껏 준비하여 드린 것이다. 하나님은 그 마음을 기쁘게 받으셨다.

이 사건으로 가인은 동생 아벨을 들에서 쳐 죽임으로 첫 살인자가 되며 죄의 열매를 맺는 다. 육신의 욕심으로 가득찬 가인의 삶이 동생 아벨을 쳐 죽이는 죄를 범하며 사망의 길로 접어들게 되었다.

사 1:13

헛된 제물을 다시 가져오지 말라 분향은 내가 가증히 여기는 바요 월삭과 안식일과 대회로 모이는 것도 그러하니 성회와 아울러 악을 행하는 것을 내가 견디지 못하겠노라

수십 년간 교회가 양적으로 팽창을 하면서 한국교회는 미국 다음으로 선교사를 많이 파견하는 국가가 되었고 세계적인 대형교회들이 여기저기 세워졌다. 이 결과, 교회는 예상치 못한 경제적인 풍요로움을 맛보게 되었으며 이에 따라 교회의 개척 및 신학 지망생의 증가로 신학대학 역시 그 규모와 수가 크게 늘어났다.

전에 없이 교회는 교인수와 일 년 예산 등에 신경을 쓰게 되었으며 교인들을 보다 많이 유치할 수 있는 프로그램이나 세미나 컨퍼런스 제자훈련 등의 각종 교육프로그램들이 속속 개발되었다.

부모들의 넘치는 자녀사랑과 교육열은 교회에도 반영되어 양질의 주일학교 프로그램도 경쟁을 하듯 개발되었다. 우리 선교하는 교회라는 깃발을 들고 교회는 장기선교사 지원, 단기선교 프로그램 등에 관심을 기울이게 되었다.

선교지에 따라서는 몰려오는 단기선교팀을 소화하느라 본래의 선교활동과는 다른 방향으로 많은 활동의 변화들을 가져 왔을 것이다. 뿐만 아니라 홈리스 사역 등 각종 구제활동들도 펼쳐 나간다.

이러한 양적인 풍요로 비교적 활발하게 이루어지는 사역들이 하나님께는 가인이 드리는 헌물과 같지는 않은지 마음을 비우고 되돌아 보아야 할 것이다. 신학교 교회 선교단체 등 예수그리스도의 이름으로 행하여지는 각종 기관과 선교단체들의 활동이나 사역에의 중심에 하나님만이 계신지를 기도함으로 돌아 보아야할 것이다.

세상과 하나님을 동시에 섬길 수 없음을 하나님은 말씀하여 주신다. 교회재정의 풍요가 경쟁사회의 일면을 보여 주듯 교회의 산업화를 견인하여 가려 한다면 이는 하나님의 영광을 가리는 크나큰 재앙을 불러오게 될 것이다.

> **마 6:24**
>
> 한 사람이 두 주인을 섬기지 못할 것이니 혹 이를 미워하고 저를 사랑하거나 혹 이를 중히 여기고 저를 경히 여김이라 너희가 하나님과 재물을 겸하여 섬기지 못하느니라

돈이 모이는 곳에는 사람들이 모이게 되어 있다.
건설현장에는 기술자와 노동자들이 모여들게 된다. 그곳에 일이 있고 그에 상응한 임금이 지급되기 때문이다. 권력자들의 주변에도 사람들이 모여든다. 해야 할 일 많이 있고 그들에게는 돈이 풍부하기 때문이다. 권력자들은 이를 유지하기 위한 돈을 유치하느라 바쁘게들 움직인다. 돈이 많은 곳에는 일거리가 많고 그 돈을 끌어 쓰려는 사람들이 생겨나기 마련이다.
이러한 세상의 이치가 교회에 적용이 되거나 발을 붙이는 일이 없어야 한다. 성도들의 헌금은 하나님의 것이요. 오직 하나님의 뜻에 합당하게 사용되어져야 한다.

그리스도인의 삶은 말씀을 벗어날 수 없다. 예수그리스도의 죽음과 부활을 믿는 믿음으로 예수님을 영접함으로 하나님의 새로운 생명으로 거듭난 삶을 살아가는 자에게는 하나님의 말씀이 생명이다.
말씀 안에 거할 때,
그 말씀에 순종할 때,
하나님의 자녀로 그분의 사랑 안에 거하게 된다.

교회도 마찬가지이다. 교회가 말씀에서 멀어지고 예수 그리스도의 십자가 보혈에서 멀어진다면 그 생명을 잃게 된다. 이 땅에 속한 그리스도인이나 그리스도의 교회는 없다. 그들은 다만 껍데기만 교회요 그리스도인일 뿐이다.

현대교회의 특성중 하나로 교회의 세속화를 얘기할 수 있다. 교인들의 수평이동이 추세로 자리 잡으면서 교회는 알게 모르게 경쟁의 구도를 외면할 수 없게 되었다. 이에 따라 각종 프로그램의 개발과 예배와 관련된 시설들이 경쟁적으로 도입되고 있다. 이 과정에서 세상적인 기법이나 문화들이 슬그머니 자리를 밀고 들어와 교회운영의 상당부분을 이끌어가려고 한다.

죄 가운데 허덕이는 어둠의 노예가 되어 살아가는 자들이 예수님을 만날 수 있는 길은 그들이 세상적 기호를 좇아 교회 안에 들어오는 것이 아니다. 그들이 예수 그리스도를 만날 수 있는 길은 예수 그리스도의 신적인 사랑과 빛에 있다.
하나님 아버지의 영광과 권능을 세상이 바라보게 될 때 그들은 그 빛과 사랑에 이끌리어 들어오게 될 것이며 길 잃은 양들이 회개하여 하나님께로 돌아오는 변화가 일어나게 될 것이다.

> 요일 2:15-17

이 세상이나 세상에 있는 것들을 사랑하지 말라 누구든지 세상을 사랑하면 아버지의 사랑이 그 안에 있지 아니하니 이는 세상에 있는 모든 것이 육신의 정욕과 안목의 정욕과 이생의 자랑이니 다 아

버지께로부터 온 것이 아니요 세상으로부터 온 것이라 이 세상도, 그 정욕도 지나가되 오직 하나님의 뜻을 행하는 자는 영원히 거하느니라

세속적인 방송으로 빠르게 변해가는 기독교 방송을 바라보며 안타까움이 쌓인다. 생명의 양식이 되는 은혜로운 프로그램이 많기는 하지만 빠른 속도로 세속화 되어가는 것이 눈에 보인다.

기독교방송은 예수 그리스도의 복음과 생명을 전하는 방송인데 날이 갈수록 시청률 증가를 유도하는 프로그램이 늘어나고 있다. 많은 사람들이 시청하는 것도 매우 중요한 일이지만 예수 그리스도의 생명을 잃는 일은 전부를 잃는 일이다.

세상에 접붙여 진 방송은 예수그리스도의 생명을 가질 수 없다. 오직 예수그리스도와 접붙여져 있을 때 복음은 전하여 지고 그리스도의 생명이 살아나 죽은 영혼을 살리게 된다.

예수 그리스도의 교회나 그리스도인은 나와 주변의 사람들을 중심으로 삶을 꾸려가는 자들이 아니다. 그리스도인이나 교회의 주인은 예수그리스도 한 분이시다. 내가 세상적으로 비참해지고 주변 사람들을 마음을 뒤틀리게 할 지라도 세상의 것을 따라서는 안 된다는 것을 하나님 아버지께서는 성경을 통하여 말씀하고 계신다.

세상이 하나님의 품으로 빨려 들어오는 신적 권위를 교회나 성도들은 언제나 지니고 있어야 한다. 신적 권위는 하나님께서 영적인 분별력을 가진 하나님의 백성들을 통하여 일하심으로 나온다. 그들의 중심에 하나님께서 살아 계시기 때문이다.

사 1:13

헛된 제물을 다시 가져오지 말라 분향은 내가 가증히 여기는 바요 월삭과 안식일과 대회로 모이는 것도 그러하니 성회와 아울러 악을 행하는 것을 내가 견디지 못하겠노라

말씀에서 헛된 제물은 무엇인가?
하나님을 예배하고 찬양한다 하면서 악을 행하는 것을 하나님 아버지께서 내가 견디지 못하겠노니 곧 엄숙한 모임 그 자체가 불법이니라 고 말씀하신다.
우리의 예배 가운데에도 이러한 모습은 얼마든지 있다. 예배가 무엇인지 모르기 때문에 예배의 중심에 예수 그리스도 대신 내가 자리하고 있는 경우가 종종 있게 된다. 하나님께서 예배의 중심에 계시지 않을 때, 예배는 형식적인 예배가 될 수밖에 없다.
이러한 예배는 삼위일체 하나님을 향하여 신령과 진정으로 드리는 예배가 아닌 우상을 향하여 드리는 예배로 전락하게 된다. 하나님을 진노케 하는 예배이다.

한 주간을 세상의 것들에 매여 살아가고 있다면 성경말씀에서와 같이 그들은 영의 눈이 가려져 하나님의 존재를 모르기 때문에 성전에서 예배를 받기위하여 임하여 계신 하나님을 볼 수 도 느낄 수 도 없게 된다.
예배시간에 늦게 도착하여 묵도가 시작되어 주악이 울려 퍼질 때,
대표기도를 하는 시간에,
성가대원들이 찬양을 하는 시간에,
심지어는 설교 중에 들어오는 교인들이 간혹 있다.

5. 거듭남의 비밀

문제는 이들은 매주 비슷한 시간대에 교회에 도착한다는 것이다.

늦게 들어와 예배에 집중하기보다는 주보에 무엇이 쓰여 있나 뒤적인다. 더러는 늦게 들어오며 주위 사람들과 인사를 나누며 악수까지 하는 자들이 있다. 핸드백이나 가방을 뒤적이며 소음을 내며 산만하게 예배 시간을 때우는 자도 있다.
이러한 동작이나 소음이 신령과 진정으로 온몸과 정성을 다하여 하나님께 드려져야하는 예배를 얼마나 산만하게 하며 흐트러뜨리게 되는지는 영의 눈이 열리어진 자들은 너무나 잘 알고 있다.
반면에, 영의 눈이 가려져 예배 중에 임재하고 계신 하나님을 바라보지 못하고 내가 예배의 주인이 되어, 예배를 드리지 못하고 보는 것으로 끝나게 되는 교인들이 있다.
친구들과 등산이나 낚시나 골프를 하러 갔어야 하는데 눈만 무겁고 이게 뭐지! 하며 후회하는 자도 있다. 지난주에 주식으로 잃은 돈으로 속이 상하여 어떻게 만회를 하나 골머리를 앓는 사람, 술값 유흥비등으로 카드빚이 쌓여가는 것 등으로 불안하고 뒤숭숭하여 예배에 집중을 못하는 자도 있을 것이다.

예배는 보는 것이 아니라 드려지는 것이다. 예배의 주인은 오직 삼위일체 하나님 한 분이시다. 하나님은 온 마음과 정성을 다하여 신령과 진정으로 예배하는 자들을 기다리신다. 삶으로 예배하는 자를 기다리시며 찾고 계신다.
영과 진리로 드려지는 예배를 주님께서 기쁘게 받으실 때 예배자는 예배를 통하여 은혜로 주시는 하늘로부터 내려오는 평안과 위로를 경험하며 그분의 영광을 체험하게 된다.

삶 가운데 악을 행하고 죄와 더불어 육체의 소욕을 따라 살다가 준비 없이 예배에 참석하여 시간을 때우는 자들을 하나님은 역겹다고 하신다. 가증하다고 하신다.
이러한 모든 현상은 예수그리스도의 영이 그들에게 없기 때문이다. 이는 초신자나 불신자들 중에서만 나올 수 있는 것이 아니다. 교회의 리더들도 그리스도의 영이 없는 자들이 있을 수 있다. 어떻게 그리스도의 영이 없는 자가 교회의 중직을 맡으며 교회의 성직을 맡을 수 있느냐고 반문하는 사람이 있을 것이다.

이 세상에는 거짓 교사 거짓 선지자 거짓 목자들이 엄연히 있다. 이들은 참 그리스도인이 아니요 참 성직자가 아니요 참 교회가 아니다. 하나님께서 누구인지 모르면서 신학교에 적을 둔 사람이 얼마든지 있다. 또한 가르치는 교사도 성경과 관련 사실들에 대하여 전문적인 지식은 있으나 영이신 삼위일체 하나님을 체험하지 못한 영적인 시각 장애를 가진 교사들이 있다. 이러한 것이 현실이다.
이러하다 보니 영적인 깨우침이 없는 자 혹은 목회자의 사명을 하나님으로 부터 받지 아니한 자들도 교회를 세우고 일하고 있는 것이다. 이러한 껍데기뿐인 교회는 주님께서 기뻐하시는 주님의 일이 아닌 세상의 것들과 섞여 세상일을 하고 있다고 볼 수 있다.

이러한 상황은 기독교의 현실을 더욱 어렵게 만들고 있다. 불신자들로 부터 비난과 조롱을 받는 처지로 전락하고 있다.

하나님 아버지께서는 도처에 사람들을 세우시고, 하나님의 일꾼으로 삼으시고, 이 악하고 패역한 세대의 빛으로 사용하신다. 그들은 하나님을 알며 영이신 하나님과 끊임없는 교제로 하나님과의 관계를 이어간다. 끊임없는 기도와 말씀으로 무장하여 하루도 말씀과 기도 없이는 살아갈 수 없는 하나님의 전사로 살아간다. 지금도 목회의 현장에서 선교현장에서 그들의 삶을 드려 하나님의 기쁨과 영광을 위하여 헌신하고 있다.

> 마 23:23-28

화 있을진저 외식하는 서기관들과 바리새인들이여 너희가 박하와 회향과 근채의 십일조는 드리되 율법의 더 중한 바 정의와 긍휼과 믿음은 버렸도다 그러나 이것도 행하고 저것도 버리지 말아야 할지니라 맹인 된 인도자여 하루살이는 걸러 내고 낙타는 삼키는도다 화 있을진저 외식하는 서기관들과 바리새인들이여 잔과 대접의 겉은 깨끗이 하되 그 안에는 탐욕과 방탕으로 가득하게 하는도다 눈 먼 바리새인이여 너는 먼저 안을 깨끗이 하라 그리하면 겉도 깨끗하리라 화 있을진저 외식하는 서기관들과 바리새인들이여 회칠한 무덤 같으니 겉으로는 아름답게 보이나 그 안에는 죽은 사람의 뼈와 모든 더러운 것이 가득하도다 이와 같이 너희도 겉으로는 사람에게 옳게 보이되 안으로는 외식과 불법이 가득하도다

바리새인과 서기관들은 믿음이 좋다고 자부하는 그 시대의 영적 지도자들이었다. 이들은 율법을 잘 알고 지키며 그것을 가르치기를 즐겨하던 사회적으로 안정된 그룹이었다. 이들의 믿음은 형식적이며 이들의 생활상이 부패하고 영적인 눈이 멀어있다고 예수님은 말씀하시며, 이들을 질책하고 회개하라 외치신다. 결국, 이들은 자기들의 눈의 가시인 예수를 십자가에 매달아 처형한다.

요즈음 교회의 부패와 타락이 그 때와 다를 바가 하나도 없는 것이 아닌가? 교회의 영적 지도자들의 상당수가 바리새인이요 서기관들로 보면 될 것이다. 이들의 대부분은 말씀을 읽어도 영이신 하나님의 말씀을 듣지 못한다.
이들의 삶의 주인은 그들 자신이며 머리되시는 예수그리스도는 저멀리 계시기만 하다. 이들은 외식하며 거룩한 지도자의 역할을 하려 하지만 그들의 삶과 마음에는 예수님은 떠나고 안계시다. 예수님이 떠난 그들의 마음에 탐욕과 이기심 그리고 불법이 가득하다.

적지않은 교회의 지도자인 영적 리더들이 지탄의 대상이 되고 하나님의 영광을 가리고 성령의 역사를 훼방하고 있다. 누가 성령을 훼방하는가? 대표적인 것이 어두움의 권세를 잡고 있는 사단과 마귀들이다. 이러한 타락한 영적 지도자들과 거짓 지도자들은 사탄의 하수인으로 커다란 죄의 회오리 안에 있다.
이러한 현상은 이들만의 잘못이 아니다. 이러한 현상을 묵인하고 방조하고 외면하는 교인들도 책임을 면키 어려울 것이다. 교인들을 달래며 교회를 유지하려 하는 거짓 리더들의 잘못이다. 무엇보다도 이를 방관하고 기도에 매달리지 않는 성도들의 책임이다.

우리들의 피맺힌 회개기도의 함성이 온 천지를 뒤덮을 때 하나님은 그 기도소리를 들으시고 빛으로 사랑으로 이 땅에 각 사람의 마음에 임하실 것이다. 영적인 시각 장애자들을 만지시고 깨우시며 그들의 영의 눈을 밝게 하실 것이다.

그들을 새로운 생명으로 건지시고 생명의 삶을 살아가게 인도하실 것이다.

> 계 3:17

네가 말하기를 나는 부자라 부요하여 부족한 것이 없다 하나 네 곤고한 것과 가련한 것과 가난한 것과 눈 먼 것과 벌거벗은 것을 알지 못하는도다

이 말씀은 성령하나님께서 교회에 하시는 말씀 중 '라오디게아 교회'에 보내는 말씀이다. 세상 것에 만족하며 부요함을 자랑하지만 그들의 영의 눈이 가려져 눈이 먼 것도 벌거벗은 가련하고 가난한 자인 것도 알지 못함을 책망하고 한탄하시며 회개를 촉구하고 계신다.

하나님은 회개치 않고 어두움을 헤매는 자에게 도적같이 임하실 것을 말씀하시며 깨어있으라고 명하신다. 우리를 지극히 사랑하시는 마음으로 우리를 기다리고 계신다.

> 계 3:19-21

무릇 내가 사랑하는 자를 책망하여 징계하노니 그러므로 네가 열심을 내라 회개하라 볼지어다 내가 문 밖에 서서 두드리노니 누구든지 내 음성을 듣고 문을 열면 내가 그에게로 들어가 그와 더불어 먹고 그는 나와 더불어 먹으리라 이기는 그에게는 내가 내 보좌에

함께 앉게 하여 주기를 내가 이기고 아버지 보좌에 함께 앉은 것과 같이 하리라

하나님은 사랑하는 자를 책망하여 징계하신다. 열심을 내어 회개하라 하신다. 예수 그리스도께서는 우리 바로 옆에서 서서 기다리고 계신다. 누구든지 내 음성을 듣고 문을 열면 내가 그에게로 들어가 그와 함께 만찬을 먹고 그는 나와 함께 먹으리라 말씀하신다. 이기는 자에게는 나 역시 이긴 뒤에 내 아버지와 함께 그분의 왕좌에 앉게 된 것 같이 내 왕좌에 나와 함께 앉는 것을 내가 허락하리라 말씀하신다.

거의 모든 사람들은 사후에 천국에 가기를 바란다. 그래서 구원을 갈망하고 어려운 가운데에도 교회에 나아가 죄 사함을 받고 하나님의 자녀가 되어 말씀에서와 같이 예수그리스도께서 계신 그 보좌에 함께 앉게 되기를 갈망하고 있다.
그러나 어찌하여 수많은 대다수의 교인들이 말씀대로 실지 못하고 순종의 삶을 살지 못하고 여전히 내가 삶의 주인이 되어 세상의 종노릇하며 살아가게 되는가?
교회에 출석하거나 예수님을 믿는다 하는 많은 이들이 사탄의 노예가 되어 육체의 소욕에 따라 살아가느냐 말이다. 우리 모두가 안고 있는 크나큰 숙제이다.

하나님 앞에 서서 그분을 찬양할 자는 누구인가?

시 24:3-5

여호와의 산에 오를 자가 누구며 그의 거룩한 곳에 설 자가 누구인가 곧 손이 깨끗하며 마음이 청결하며 뜻을 허탄한 데에 두지 아니하며 거짓 맹세하지 아니하는 자로다 그는 여호와께 복을 받고 구원의 하나님께 의를 얻으리니

깨끗한 손과 순수한 마음을 가진 자 곧 헛된 것을 향해 자기 혼을 들지 아니하고 속임수로 맹세하지 아니한 자라고 말씀하신다. 이어서 이들은 주께 복을 받고 자기의 구원의 하나님께 의를 받으리니라고 말씀하신다.

말씀에서와 같이 하나님의 성품을 닮아 허탄한 데 마음을 빼앗기지 아니하고 정직하고 거룩한 자, 마음이 청결한 자, 거짓 맹세치 않고 하나님을 사랑하며 그의 계명을 지키는 자를 하나님께서 사랑하시고 의를 얻게 하신다. 하나님의 백성은 삶이 경건하고 참 되어야 함을 말씀하고 계시다. 물과 성령으로 거듭난 하나님의 백성들의 삶이다.

롬 14:17-18

하나님의 나라는 먹는 것과 마시는 것이 아니요 오직 성령 안에 있는 의와 평강과 희락이라 이로써 그리스도를 섬기는 자는 하나님을 기쁘시게 하며 사람에게도 칭찬을 받느니라

예수그리스도께서 계시지 아니한 그리스도인과 교회가 흉물로 보이는 것은 이상한 일이 아니다. 도시마다 커다란 교회 건물들에 하나님의 영

광이 빛이 퇴색되어 있는듯하다.

하나님은 우리를 오래 참으시며 긍휼의 마음으로 기다리신다.
하나님께서 우리를 창조하신 모습 그대로 회복되기를 간절히 원하신다.
죄로 인하여 죽어있는 우리의 영혼이 하나님의 생명으로 새롭게 태어나게 되기를 원하신다. 하나님을 알 수 없는 영적인 장애로부터 벗어나 맑은 영의 눈으로 하나님을 바라보며 마음껏 찬양할 수 있는 예배자로 우뚝 서기를 사랑으로 기다리시는 것이다.
우리는 하나님의 은혜를 갈망하여야 한다. 나의 죄를 위하여 십자가에 달려 죽으시고 부활하신 예수 그리스도를 믿고 나의 구세주로 영접하는 놀라운 하나님의 은혜를 누리게 되기를 바란다.

하나님의 은혜로 다시 태어나 죽은 자의 삶에서 산 자의 삶으로,
이세상에 속한 자에서 하나님의 나라에 속한 자로,
물과 성령으로 거듭나 하나님을 볼 수 없는 영적인 장애로 부터 해방된 자로,
하나님의 복된 동산에서 영원한 삶을 살아가게 되기를 간절히 소망한다.
할렐루야!

맺는말

이땅에서의 삶은 고단하다. 세상이 주는 자랑도 기쁨도 쾌락도 잠시 지나갈 뿐 나의 마음은 여전히 공허한 허공을 맴돌 뿐이다. 이 글을 쓰게된 나 역시 이 굴레를 벗어나지 못함으로 깊은 수렁에 빠져 헤어나올 수 없었다.

요 4:14

내가 주는 물을 마시는 자는 영원히 목마르지 아니하리니 내가 주는 물은 그 속에서 영생하도록 솟아나는 샘물이 되리라

하나님께서는 내 삶의 긴 여정을 통하여 나를 낮추고 또 낮추셨다. 이제 아무것도 잡을 기력조차 없을때 그분의 방법으로 주님을 찾게 하시고 그분앞에 엎드리게 하셨다. 그리고 내가 하나님앞에 용서받을 수 없는 죄인임을 낱낱이 깨달아 되돌아볼 수 있게 하셨다. 통회의 눈물을 쏟게 하시고 나를 만지시고 위로하여 주셨다. 크신 사랑으로 다 용납하여 주시며 위로하여 주셨다.

그분은 말라 비틀어진 나의 마음을 그분의 생명수로 적시어 주셨다. 결코 목마르지 아니하는 그분의 생명수로 나를 회복시키시고 치유케 하셨다. 이제 내 안에, 예수그리스도의 생명수가 영원토록 솟아나는 우물이 있다

시 23:1-4

여호와는 나의 목자시니 내게 부족함이 없으리로다 그가 나를 푸른 풀밭에 누이시며 쉴 만한 물 가로 인도하시는도다 내 영혼을 소생시키시고 자기 이름을 위하여 의의 길로 인도하시는도다 내가 사망의 음침한 골짜기로 다닐지라도 해를 두려워하지 않을 것은 주께서 나와 함께 하심이라 주의 지팡이와 막대기가 나를 안위하시나이다

예수그리스도는 길을 잃고 헤메이다 지쳐 쓰러진 나를 찾아 품에 안아 주신 나의 목자이시다. 나를 푸른 풀밭에 누이시며 잔잔한 물가로 인도하시고 내 혼을 회복시키시며 자신의 이름을 위하여 의의 길로 나를 인도하시는 분이시다. 나는 더이상 두려울 것이 없다. 이세상에서의 삶이 어떠할 찌라도 나에게 영원한 생명을 주신 분이 언제나 나와 함께하시며 그분의 지팡이와 막대기가 나를 위로하시기 때문이다. 이분은 온 우주만물을 말씀으로 지으신 전능의 왕 창조주 하나님이시다.

요 17:3

영생은 곧 유일하신 참 하나님과 그가 보내신 자 예수 그리스도를

아는 것이니이다

사람들은 이세상에 진정한 행복은 없다는 말들을 하고는 한다. 아마도 이세상의 것으로는 나에게 수시로 다가오는 공허하고 슬프고 외롭고 때로는 불안과 근심과 좌절과 절망 으로부터 벗어날 수 없음을 알게 되었기 때문일 것이다.

이 책의 처음부터 끝까지의 내용중에 여러차례 소개 되었듯이 진정한 행복을 찾는 길은 나를 지으신 하나님께로 돌아오는것 뿐이다. 하나님의 형상으로 지어진 창조의 본래 모습으로 회복되는 길 뿐이다.

위에 소개된 요한복음17:3의 말씀과 같이 유일하신 참 하나님인 아버지와 아버지께서 보내신 자 예수 그리스도를 아는 것은 죄로 인하여 죽어 있던 나의 영이 예수그리스도와 함께 다시 살아나는 것이다. 이것이 사망에서 영원한 생명에 이르는 관문이다. 예수그리스도를 믿음으로 영접하는 일이다. 내 삶의 주인이 나로부터 예수님으로 바뀌는 것이다.

예수님은 죽어있는 우리들에게 영원한 생명을 주시기 위하여 이땅에 우리와 같은 육신을 입고 오셨다. 그리고 모든 사람들의 죄를 한몸에 감당하시고 십자가에 달려 피흘려 죽으셨다. 그리고 사흘후에 부활하셨다. 이 예수님을 마음으로 믿어 나의 구주로 영접한 사람들은 예수그리스도와의 연합으로 성령으로 새롭게 태어나게 된다. 죽었던 영이 다시 살아나게된 것이다. 이제 영의 사람이 되어 영이신 하나님과 그분의 왕국에 대하여 기록된 성경말씀들을 깨우치며 알아가게 된다.

죄의 삶을 살아가던 사람이 회개하고 하나님께로 돌아오게 되는 것은 전적으로 하나님의 은혜이다. 내가 주인이되어 살아가던 삶으로부터 돌이켜 내 삶의 주인이 예수님으로 바뀌는 순간 나는 죄많은 이세상으로부터 자유함을 입게 된다. 하나님의 영광과 그분의 빛과 사랑으로 충만한 하나님의 은혜의 동산에서 살아가게 됨으로 이 세상으로부터 높이 뛰어 올라 나를 괴롭히고 어지럽게 하였던 세상의 것들이 시들하여 지며 나에게 영향을 끼치지 못하게 되는 것이다. 세상이 줄 수 없는 평안과 기쁨이 밀려 들어오며 그분으로부터 오는 강같은 평화가 내 삶에 깃들게 된다.

나는 갑자기 찾아온 은혜의 강물에 떠밀려가며 의아한 마음이 들을때가 있었다. 너무나 강력한 힘에 이끌리듯 지나가는 하루하루에 기쁨과 감사의 눈물과 함께 혹 무언가 잘못된 것은 아닌가 하는 막연한 궁굼증이 생겨나기도 하였다. 하지만 꿀송이보다 더 달콤한 성경말씀을 대할때마다, 주님으로 충만한 대언자들의 말씀을 접할때미다, 기믹히게 일지되는 성령의 역사를 묵상하며 말씀을 통하여 하나님의 놀라우신 은혜를 확신하고 또 확신하게 되었다. 참으로 성령님의 감동으로 지어진 성경은 길이요 진리요 생명이 되는 말씀들이다.

성령으로 거듭난 나의 삶은 살아 역사하시는 예수그리스도의 증인으로 살아가는 것이다. 삶으로, 대언으로, 말씀을 묵상하고 선포하는 일로, 간증으로, 미디어 선교, 오지선교로, 무엇이든지 주님께서 하라하시면 순종의 발걸음을 내딛게 되었다.

이 책을 쓰게된 것도 같은 맥락에서이다. 하나님께서 모든 사람들을 위하여 준비해놓으신 놀라운 은혜의 동산을 소개하기 위함이다. 나도 그랬듯이 죄에 가려진 모든 자연인은 하나님을 볼 수 없는 베일에 가려져 하나님의 일들을 모르고 지내는 것을 하나님께서 참으로 안타까워 하신다. 예수님께서 마음의 문을 두드리는 소리를 길잃은 모든 양들이 듣게 되기를 마음의 문앞에서 기다리고 계신다.

이 주님의 음성은 이세상의 모든 부귀와영화 자랑 명예 교만 육신의 욕심들을 내려 놓을때 들려질 것이다. 하나님을 볼 수 없는 베일의 본체는 바로 죄이다. 하나님의 뜻대로 살아가고 있지 아니한 그 죄이다. 이 죄의 짐을 뉘우치고 하나님앞에 내려 놓을때 우리는 주님의 음성을 듣게 될 것이다. 사망의 길에서 벗어나 영원한 생명이 있는하나님의 은혜의 동산으로 들어갈 수 있게 될 것이다.

행 1:8

오직 성령이 너희에게 임하시면 너희가 권능을 받고 예루살렘과 온 유대와 사마리아와 땅 끝까지 이르러 내 증인이 되리라 하시니라

사도행전 일장 팔절에 기록된 말씀은 오직 성령님께서 너희에게 임하신 후에 너희가 권능을 받는다고 말씀하신다. 그리고 땅의 맨 끝 지역까지 이르러 나를 위한 증인이 되리라 하신다.

예수그리스도를 믿음으로 영접함으로 성령의 임재를 입은 자는 하나님의 권능이 임하게 된다. 이는 내가 하나님의 능력을 가진자로 바뀐것이 아니라 내안에 들어오시어 동거동락하시는 하나님께서 나의 삶을 이끌어가심으로 나타나는 하나님의 권능이다.

나는 죽고 예수로 살아가는 삶이다.

나를 죄와 사망에서 건지신, 나같은 죄인을 살리시기 위하여 십자가에서 죽으신, 그 완전하신 사랑을 증거하기 위하여 땅의 맨 끝 지역까지 이르러 예수그리스도의 그 빛과 사랑을 기쁨으로 나누며 살아간다. 그들도 이 사랑을 받아들이기를 간절히 기도하며 어디든지 걸어간다.

땅의 맨 끝에 대하여는 여러가지로 말씀하는 것을 들을 수 있다. 땅끝은 여기일 수 도 저기일 수 도 있다. 하나님을 볼 수 없는, 그 영이 죽어있는, 자들이 있는 곳이면 땅끝이다. 이들은 아직 복음을 들을 귀가 열리어있지 아니하기 때문이다.

그리스도인은 살아계신 하나님을 삶으로 증거하여야 한다. 그러기 위하여는 내안에 함께하시는 성령님으로 충만해야 하는 것이다. 성령충만의 삶은 나는 죽고 예수그리스도의 믿음으로 살아가는 삶이다. 예수그리스도의 믿음은 성부하나님께대한 온전한 순종이다. 예수님은 십자가에 달려 죽기까지 순종하시는 삶을 우리들에 보여주셨다. 하나님의 말씀을 따라 살아가는 삶이 살아계신 하나님을 증거하는 삶이다.

죄로물든 육을 입고 살아가는 내가 죽으려면 이땅에서 살아가는 동안 죄죽임의 싸움을 하여야 한다. 바울도 '나는 날마다 죽노라'고 고백하였다. 모든 것을 주님께 맡기는 삶이다.

내가 죽기 위하여는 내가 주님으로 충만하여 져야 한다. 내가 주님으로 충만할때 나는 온데간데 없고 성령의 소욕만이 나를 인도하게 되어 성령의 열매들이 열리게 될 것이다.
성령의 권능으로 육신의 욕심들이 맥을 쓰지 못하고 숨어버린 것이다. 나의 노력으로는 할 수 없으나 하나님께서 나의 삶을 온전히 이끌어 가실때 자연스럽게 이루어지는 초월적인 은혜의 삶이다.

예수그리스도는 길을 잃고 헤메이다 지쳐 쓰러진 나를 찾아 품에 안아 주신 나의 목자이시다.
이 책을 통하여 당신을 위하여 준비해 놓으신 하나님의 놀라운 은혜의 동산을 발견하게 되기를 기도한다.

이 책은 성령님께서 인도하심으로 쓰게 되었고 수년전에 시작되었다. 그간 블로그 두곳에 소개되기도 하였는데 하나님의 인도하심으로 인연이 닿은 종려가지 한치호 목사님께서 발간을 도우심으로 리모델을 마치고 이제 이책의 출간을 기다리게 되었다.
발간을 위하여 수고를 아끼지 아니하시는 한치호 목사님과 그리고 언제나 옆에서 나를 돕는 사랑하는 가족들, 이세상 곳곳에서 살아계신 예수그리스도를 증거하기 위하여 그들의 삶을 드리는 모든 그리스도인들에게 감사드린다. 끝으로 이책이 발간되도록 늘 지켜보시고 새로운 힘을 주시며 인도하여 주신 하나님께 감사와 찬양과 모든 영광을 돌려드린다.

하나님은 그분만을 의지하며 살아가는 자에게 하나님의 전신갑주를 입혀 주신다.

하나님의 전신갑주를 입으라는 에베소서 6:11-18을 끝으로 글을 맺는다.

> **엡 6:11-18**

마귀의 간계를 능히 대적하기 위하여 하나님의 전신 갑주를 입으라 우리의 씨름은 혈과 육을 상대하는 것이 아니요 통치자들과 권세들과 이 어둠의 세상 주관자들과 하늘에 있는 악의 영들을 상대함이라 그러므로 하나님의 전신 갑주를 취하라 이는 악한 날에 너희가 능히 대적하고 모든 일을 행한 후에 서기 위함이라 그런즉 서서 진리로 너희 허리 띠를 띠고 의의 호심경을 붙이고 평안의 복음이 준비한 것으로 신을 신고 모든 것 위에 믿음의 방패를 가지고 이로써 능히 악한 자의 모든 불화살을 소멸하고 구원의 투구와 성령의 검 곧 하나님의 말씀을 가지라 모든 기도와 간구를 하되 항상 성령 안에서 기도하고 이를 위하여 깨어 구하기를 항상 힘쓰며 여러 성도를 위하여 구하라

아멘.

창조주를 볼 수 없는 영적 장애

1판 인쇄일_ 2020년 3월 17일
1판 발행일_ 2020년 3월 24일

지은이_ 장종현
펴낸이_ 한치호
펴낸곳_ 종려가지
등   록_ 제311-2014000013호(2014. 3. 21)
주   소_ 서울특별시 은평구 은평로 14길 9-5
전   화_ 02. 359. 9657
디자인 표지 이순옥/ 내지 이수연
제작대행 세줄기획(02.2265.3749)
영업(총판) 일오삼
전   화_ 02. 964.6993 팩스 2208.0153

값 11,000 원

ISBN 979-11-87200-83-3   03230

ⓒ2020, 장종현

잘못 만들어진 책은 구입하신 서점에서 바꾸어 드립니다.
책의 주문 및 영업에 대한 문의는 영업대행으로 해주십시오.

이 도서의 국립중앙도서관 출판예정도서목록(CIP)은 서지정보유통지원시스템 홈페이지(http://seoji.nl.go.kr)와 국가자료종합목록 구축시스템(http://kolis-net.nl.go.kr)에서 이용하실 수 있습니다.
(CIP제어번호 : CIP2020007125)